POLARIS

W0057256

Raúl Aguayo-Krauthausen

mit Martin Kulik

Wer Inklusion will, findet einen Weg. Wer sie nicht will, findet Ausreden.

Rowohlt Polaris

2. Auflage März 2023

Originalausgabe
Veröffentlicht im Rowohlt Taschenbuch Verlag, Hamburg, April 2023
Copyright © 2023 by Rowohlt Verlag GmbH, Hamburg
Illustrationen: © Katharina Schmidt
Covergestaltung Hauptmann & Kompanie Werbeagentur, Zürich
Coverabbildung Anna Spindelndreier/helloyou.studio
Satz aus der DTL Documenta bei Pinkuin Satz und Datentechnik, Berlin
Druck und Bindung CPI books GmbH, Leck
ISBN 978-3-499-01029-3

Inhalt

Vorwort

Wenn man meinen Namen ins Suchfeld von Google eingibt, liefert die Suchmaschine folgende Kerninformationen: Raúl Aguayo-Krauthausen, Aktivist für Inklusion und Barrierefreiheit. Dass ich mich seit über 15 Jahren in dieser Rolle öffentlich engagiere und zahlreiche Projekte mit angestoßen habe, ist alles andere als selbstverständlich. Bei meiner Geburt zählten die Ärzt*innen 19 Knochenbrüche, meiner Mutter sagten sie, dass ich vermutlich nur zwei Tage überleben würde. Heute kann man wohl getrost behaupten, dass sich diese Prognose als falsch erwiesen hat – ich bin 1980 geboren, und das ist schon eine ganze Weile her. Es ist also schon vor diesem Hintergrund nicht selbstverständlich, dass ich Inklusionsaktivist sein kann, aber es ist auch nicht selbstverständlich, dass ich mich seit geraumer Zeit ausgerechnet dem Thema «Inklusion» widme. Mein Weg zum Aktivismus war ein langer und schmerzhafter Prozess, der viel mit der Auseinandersetzung mit meiner eigenen Behinderung zu tun hat – ein Prozess, der für mich nie abgeschlossen sein wird.

In meiner Kindheit und Jugend bin ich dem Thema «Behinderung» regelrecht ausgewichen. Während meiner Schulzeit hatte ich kaum behinderte Freund*innen, und immer, wenn es Situationen gab, die meine Behinderung spürbar machten oder in denen sie thematisiert wurde, regte sich in mir ein Widerwille. Ich habe mich dagegen gesträubt, meine Behinderung als Teil meiner Identität anzunehmen – ich wollte sie ignorieren, ihr nicht mehr Raum und Aufmerksamkeit schenken, als sie ohnehin einnahm. Meine emotionale Abgrenzung ging so weit, dass ich meine Behinderung lange relativierte und mich dagegen wehrte, als Teil der behinderten Menschen angesehen zu werden – innerlich dachte ich damals: «Das sind eure Probleme, nicht meine.» Ich verstand die geteilte Erfahrung von Behinderung – die Barrieren im Alltag, die Diskriminierungsmomente, die allgegenwärtigen Schmerzen – erst wirklich, als ich anfing, verstärkt mit anderen behinderten Menschen ins Gespräch zu kommen. Die Aufarbeitung meiner Selbstwahrnehmung in der Jugend und den frühen Erwachsenenjahren hat bei mir erst sehr spät eingesetzt – ganz im Gegensatz zu meinem Interesse an Gesellschaftskritik, mit der ich schon als junger Mensch in Berührung kam. Das lag zu großen Teilen an meinem Mentor Roger Willemsen, der leider 2016 verstorben ist. Mit Roger kam ich ins Gespräch über das, was falsch läuft in der Gesellschaft. Er war es auch, der mein Interesse an Medien entfachte. Nach der Schule begann ich ein Studium der Gesellschafts- und Wirtschaftskommunikation an der UdK Berlin. Ich hatte mir geschworen, dass ich mich nicht wissenschaftlich mit Disability-Studies oder ähnlichen Bereichen auseinandersetzen würde – es war eine meiner größten Ängste, zum «Berufsbehinderten» zu werden. Doch während meines Studiums beschlich mich allmählich das Gefühl, dass ich mich meiner Behinderung und allem, was damit zusammenhängt, inhaltlich und emotional stellen musste. Ich begann, mich nicht nur mit meiner eigenen Erfahrungswelt auseinanderzusetzen, sondern beschäftigte mich verstärkt mit dem Thema, wie Massenmedien das Thema «Behinderung» aufgreifen. Ich fand es unheimlich spannend, mich auf dieser Ebene damit zu beschäftigen, aber gleichzeitig war die Erkenntnis meiner eigenen Verdrängung auch sehr schmerzhaft. Ich entschied mich schließlich dazu, meine Diplomarbeit zum medialen Umgang mit Behinderung zu schreiben.[1] Noch während des Studiums begann ich mich auch stärker der Idee des sozialen Aktivismus anzunähern. 2004 gründete ich mit meinem Cousin Jan die Aktionsgruppe «SOZIALHELDEN» (seit 2019 SOZIALHELD*INNEN), wo eines unserer ersten Projekte die öffentliche Suche nach einem «Superzivi» für mich war, die im Rahmen einer Radioshow erfolgreich abgeschlossen wurde. Es folgten Projekte wie die Wheelmap[2] – eine interaktive Karte zum Suchen und Finden rollstuhlgerechter Orte, zu der jede*r beitragen kann, und viele weitere. Das Team der SOZIALHELD*INNEN wurde größer, unsere Projekte und Kampagnen erhielten immer mehr Aufmerksamkeit, und ich fand mich immer mehr in der Rolle des Ansprechpartners für die Medien wieder, wenn es um die Themen «Behinderung», «Inklusion» und «Barrierefreiheit» ging. Ich war – trotz meiner initialen Verdrängung des Themas – also doch noch zum «Berufsbehinderten» geworden und reflektierte 2014 den Weg dorthin in meiner Autobiografie *Dachdecker wollte ich eh nicht werden*[3]. Für mich war anschließend klar: Wenn ich noch ein weiteres Buch schreibe, dann muss es sich auf inhaltlicher Ebene mit dem Thema «Inklusion» beschäftigen.[4]

Die Frage, die mir mit Abstand am häufigsten in Interviews oder auf Veranstaltungen gestellt wird, lautet: «Wie weit sind wir mit der Inklusion in Deutschland?» Und das ist gleichzeitig auch die Frage, die mich am meisten nervt – denn ich halte sie für grundlegend falsch gestellt. Ich habe oft den Eindruck, dass die Fragenden sich eine Art «Statusbericht» zur Inklusion wünschen – nach dem Motto: «Momentan haben wir Inklusion zu 43 Prozent erfüllt, wenn wir X und Y machen, dann steigt unsere Quote auf 56 Prozent!» Dahinter steckt der Wunsch nach dem Abarbeiten einer Checkliste – es ist der Versuch, einen komplexen gesellschaftlichen Prozess auf Zahlen oder Daten herunterzubrechen, und das funktioniert nur sehr bedingt.[5] Viel spannender als die oben genannte Frage finde ich die Auseinandersetzung mit den ungelösten Fragen der Inklusion. Es wird uns nicht weiterbringen, wenn wir immer nur die abgedroschenen Phrasen wiederholen, die seit Jahrzehnten zu dem Thema geäußert werden. Dass der Prozess der Inklusion in Deutschland schleppend vorangeht und in manchen Bereichen stagniert, hat strukturelle Gründe. Es gibt verstetigte Institutionen, denen es nicht an Ausreden mangelt, um den Status quo zu erhalten. Die tiefergehende Auseinandersetzung mit diesen Systemen und noch dazu mit der eigenen Sicht auf die Themen «Behinderung» und «Inklusion» bedeutet, dass man sich auch unangenehme Fragen stellen muss, die sonst häufig vermieden werden. Dieses Wagnis möchte ich eingehen – und lade Sie als Leser*innen ein, das Gleiche zu tun.

Dieses Buch ist in drei Hauptteile gegliedert. Teil I beschäftigt sich damit, was ich mit dem Begriff «Inklusion» überhaupt meine und welche Folgen verschiedene gesellschaftliche Umgänge mit dem Thema «Behinderung» haben. Außerdem geht es darum, was Ableismus ist und wie Menschen mit Behinderungen damit konfrontiert sind. Zum Abschluss werfe ich einen kritischen Blick auf das Wohlfahrtssystem in Deutschland. In Teil II setze ich mich gemeinsam mit vielen Expert*innen und Selbstvertreter*innen mit einigen ungelösten Fragen der Inklusion auseinander – die Themenfelder reichen von Barrierefreiheit, dem Schulsystem, der Zugänglichkeit des Arbeitsmarktes und der Frage der Selbstbestimmung bis hin zu Sex und Behinderung, der Repräsentation von behinderten Künstler*innen und einer intersektionalen Perspektive. Teil III führt einige der Erkenntnisse zu einer Strategie zusammen, die uns in Sachen Inklusion wirklich weiterbringen könnte.

Meine Hoffnung ist, dass sowohl behinderte als auch nichtbehinderte Menschen neue Denkanstöße aus diesem Buch mitnehmen – ganz unabhängig davon, wie tiefgehend man sich bereits mit dem Thema «Inklusion» beschäftigt hat. Dabei möchte ich nicht als der Inklusionsallwissende auftreten – dieses Buch erhebt nicht den Anspruch, das unheimlich komplexe Thema «Inklusion» vollumfänglich oder gar wissenschaftlich aufzuarbeiten und alle «ungelösten Fragen» zu beantworten. Ich kann und will auch nicht stellvertretend für behinderte Menschen sprechen, sondern bin stattdessen mit möglichst vielen Expert*innen und Selbstvertreter*innen ins Gespräch gekommen und will ihren Ideen eine Plattform bieten. Inklusion ist ein gesellschaftlicher Prozess, der uns alle etwas angeht und den wir alle gemeinsam gestalten. Als Aktivist ist es mein Ziel, Menschen im wahrsten Sinne des Wortes zu aktivieren – ich möchte zur Diskussion anregen, ich möchte den Status quo infrage stellen, ich möchte Menschen eine vielleicht bisher unbekannte Perspektive aufzeigen, ich möchte die Ausreden der ewigen «Aber»-Sager entlarven und ich möchte gemeinsam mit meinen Gesprächspartner*innen nach Wegen suchen, um Inklusion von einer schönen Idee zur gelebten Normalität werden zu lassen.

TEIL I

Inklusion, Ableismus und
strukturelle Benachteiligung

Was ich meine, wenn ich von Inklusion spreche

Die Bezeichnung «Inklusion» ist in der praktischen Benutzung eng mit dem Begriff der «Behinderung» verbunden – es wird beispielsweise über die «Bildungsinklusion von behinderten Kindern» gesprochen. In seiner eigentlichen Bedeutung ist Inklusion aber viel mehr als das. Inklusion bedeutet, dass *jeder* Mensch in seiner Individualität als Teil der Gesellschaft akzeptiert wird und gleichberechtigt sowie selbstbestimmt die Möglichkeit hat, vollumfänglich an ihr teilzuhaben. Das Konzept der Inklusion ist also unabhängig von Merkmalen wie der sozialen und kulturellen Herkunft, der Geschlechtsidentität, der Sexualität, der Hautfarbe, der Religion und auch der Behinderung. Und mehr noch: Wenn man sich eines dieser Merkmale herauspickt, dann läuft man Gefahr, dass es problematisiert wird – so als wären behinderte Menschen nicht per se Teil der Gesellschaft.[1]

Dass der Fokus dieses Buches trotzdem auf Behinderung liegt, hat mehrere Gründe. «Inklusion» ist für sehr viele behinderte Menschen ein genuin positiv besetzter und *empowernder* Begriff – und ich habe einen persönlichen wie aktivistischen Hintergrund, der stark davon geprägt ist. Im Inklusionsdiskurs spielen viele andere Begriffe eine Rolle – so etwa «Gleichberechtigung», «Teilhabe» oder *«Empowerment»*. Diese Begriffe kamen vor allem aus den aktivistischen Bereichen von People of Color, Feminist*innen und der queeren Community. Sie haben diese Begriffe zu ihren zentralen Inhalten gemacht und mit Leben gefüllt. Ich würde mir wünschen, dass die Community der behinderten Menschen mit ihrer spezifischen Perspektive öffentlichkeitswirksam stärker repräsentiert wird – und dazu eignet sich der Inklusionsbegriff. Die Fokussierung auf solche spezifischen Perspektiven sehe ich als Mittel zum Zweck, als Anfangspunkt einer größeren Diskussion. Damit wir nicht an der falschen Stelle stehen bleiben, habe ich der Frage der Intersektionalität in Teil II dieses Buches ein eigenes Kapitel gewidmet. Menschen identifizieren sich nicht nur mit einem Merkmal, sondern vereinen mehrere, sich überschneidende Identitäten in sich – ultimativ geht es, wie ich später noch genauer darlegen werde, um Inklusion als basales Menschenrecht.

Wenn wir im Folgenden über Inklusion sprechen wollen, dann müssen wir vorher noch eine wichtige Unterscheidung machen: Inklusion ist nicht bedeutungsgleich mit Integration.

Der Unterschied zwischen Integration und Inklusion

Inklusion ist ein Ideal, das in unserer momentanen sozialen Realität nicht verwirklicht ist. Was der Prozess der Inklusion bedeutet, wird klarer, wenn man ihn von anderen Prozessen abgrenzt.

Das Gegenteil von Inklusion ist die Exklusion, was wörtlich «Ausschluss» oder «Ausgrenzung» bedeutet. Außerdem gibt es noch die Prozesse der «Separation» und die «Integration», die in diesem Kontext ebenfalls interessant sind. Ich möchte versuchen, diese Begriffe kurz und bündig anhand eines konkreten Beispiels zu erklären: des Schulsystems.

Früher war es üblich, dass viele Kinder mit Behinderungen komplett vom Schulbesuch ausgeschlossen waren – sie wurden exkludiert, hatten keinen Zugang und konnten deshalb nicht teilnehmen. Heute gibt es in Deutschland sogenannte Regel- und Förderschulen. Dass es neben allgemeinen Schulformen ein System extra für behinderte Menschen gibt, ist eine Form der Separation. Es werden Sonderräume geschaffen, die in sich geschlossen sind – das heißt, Behinderte sind dort «unter sich» und haben keinen oder nur sehr wenig Kontakt zu ihrer Umwelt und dem «allgemeinen» System. Und das Gleiche gilt auch umgekehrt: Die Menschen im allgemeinen System haben kaum Berührungspunkte mit den Menschen in den separierten Systemen. Die Separation ist also ebenfalls eine Form der Exklusion – und beide Prozesse spielen nicht nur im Bereich «Bildung», sondern in vielen anderen Bereichen eine Rolle, von denen wir einige in Teil II dieses Buches näher beleuchten werden. Um den exkludierenden Prozessen entgegenzuwirken, wurden sogenannte «integrative» Ansätze entwickelt, die behinderten Menschen den Zugang zu allgemeinen Systemen ermöglichen sollten. In unserem Schulbeispiel würde das bedeuten, dass behinderte Kinder mit an Regelschulen unterrichtet werden. Aber Vorsicht: Es gibt einen entscheidenden Unterschied zwischen «Integration» und «Inklusion». Bei der Integration kommt eine vorher exkludierte Gruppe – zum Beispiel behinderte Kinder – in ein bereits bestehendes System und muss sich diesem System anpassen. Inklusion verfolgt einen radikal anderen Ansatz – es ist die Idee eines Systems, an dem alle Menschen gleichberechtigt teilhaben und selbstbestimmt zusammenleben. Das heißt nicht, dass Unterschiede ignoriert werden. Aber das System muss sich an die verschiedenen Bedürfnisse der Menschen anpassen, nicht umgekehrt. Auf Schule bezogen heißt das: Es reicht nicht, dass behinderte Kinder aus dem Sonderraum «Förderschule» auf eine «Regelschule» überführt werden und sich dort anpassen müssen, sondern die Idee der Inklusion besagt vielmehr, dass die unterschiedlichen Schulformen überflüssig sind, denn es gibt von vornherein nur eine Schule für alle, die sich den individuellen Bedürfnissen ihrer Schüler*innen anpasst.

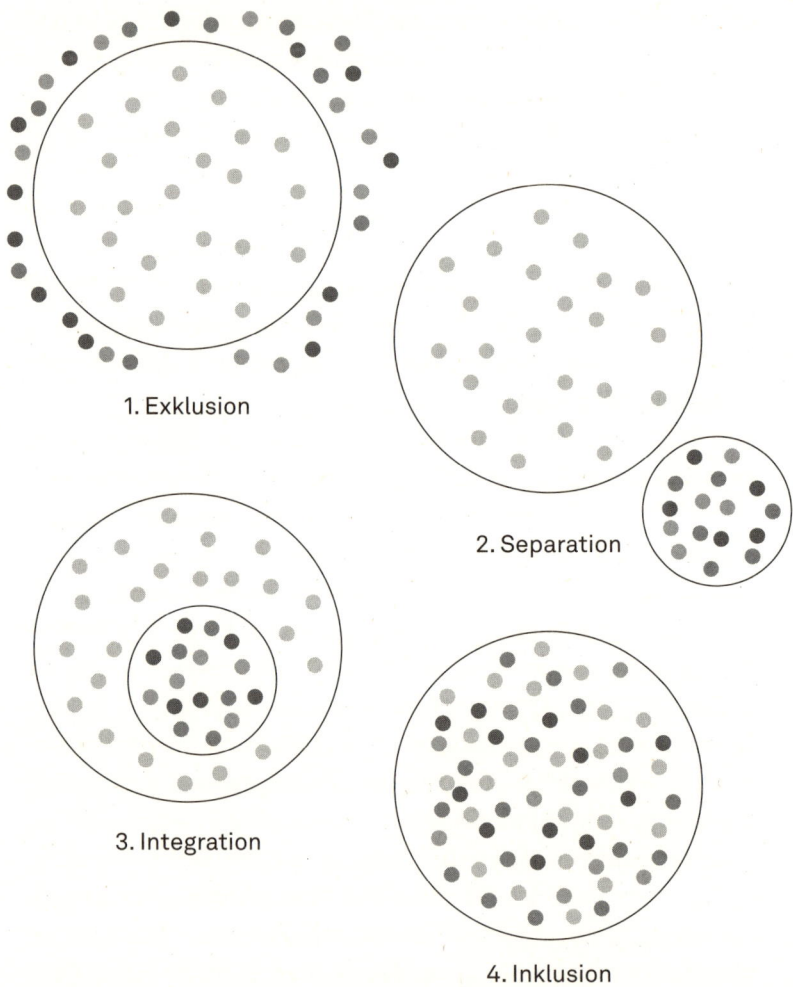

1. Exklusion

2. Separation

3. Integration

4. Inklusion

Inklusion ist Menschenrecht

Für die Gleichstellung behinderter Menschen gab es auf rechtlicher Ebene einen wichtigen Meilenstein: die UN-Behindertenrechtskonvention (UN-BRK).[2] Die UN-BRK legt fest, den «vollen und gleichberechtigten Genuss aller Menschenrechte und Grundfreiheiten durch alle Menschen mit Behinderungen zu fördern, zu schützen und zu gewährleisten und die Achtung der ihnen innewohnenden Würde zu fördern»[3]. Menschen mit Behinderungen werden dabei folgendermaßen definiert:

«Zu den Menschen mit Behinderungen zählen Menschen, die langfristige körperliche, seelische, geistige oder Sinnesbeeinträchtigungen haben, welche sie in Wechselwirkung mit verschiedenen Barrieren an der vollen, wirksamen und gleichberechtigten Teilhabe an der Gesellschaft hindern können.»[4]

Die Behindertenrechtskonvention wurde 2006 von den Vereinten Nationen beschlossen und trat 2008 in Kraft. Sie unterstreicht nicht nur den Anspruch behinderter Menschen auf allgemeine Grundrechte, sondern enthält auch konkrete Richtlinien und Regelungen, die an Lebenssituationen von behinderten Menschen orientiert sind.[5]

Die ursprüngliche Fassung der UN-BRK ist auf Englisch formuliert. Hier kommt der Begriff «*Inclusion*» als Leitgedanke mehrfach an prominenter Stelle vor – so zum Beispiel, wenn es um Zugang zur Justiz, zu Bildung, zu Gesundheit und zum Wahlrecht geht.[6] Bei der deutschen Übersetzung wurde dieser Begriff aber mehrfach fälschlicherweise mit «Integration» übersetzt und auch bei anderen Begriffen wurden spezifische historische Begriffsprägungen in der Übersetzung nicht berücksichtigt. Das wird vielfach harsch kritisiert – besonders vor dem Hintergrund, dass bei der Übersetzung keine behinderten Menschen beteiligt waren. Daher existiert eine «Schattenübersetzung» der UN-BRK, die diese Falschübersetzungen behebt.[7]

Wie genau die UN-BRK einzelne Themen aufgreift und ob sie umgesetzt wurde, werden wir im Laufe dieses Buches näher unter die Lupe nehmen. An diesem Punkt ist zunächst wichtig, die besondere Bedeutung dieser Konvention zu verstehen. Die Grundrechte behinderter Menschen wurden schon in anderen Kontexten garantiert – international etwa in der Menschenrechtscharta der Vereinten Nationen und der «Erklärung der Rechte für behinderte Menschen»[8], national beispielsweise durch das Grundgesetz. Die UN-BRK ist aus zwei Gründen so wichtig: Erstens schafft sie einen Rahmen für konkrete Rechtsänderungen der Unterzeichnerstaaten, denn diese haben sich dazu verpflichtet, die Konvention in geltendes nationales Recht zu überführen. Zweitens etabliert die UN-BRK auch ein neues Verständnis von Behinderung, das die Disability-Forscherin Theresia Degener als «menschenrechtliches Modell von Behinderung» beschreibt.[9] In diesem Modell ist die Exklusion behinderter Menschen nicht nur eine Folge ihrer individuellen Beeinträchtigungen, sondern wird durch ihnen vorenthaltene Rechte bedingt. Konkret heißt das: Staat und Zivilgesellschaft sind verpflichtet, die Menschenrechte zu achten und Diskriminierung und strukturelle Benachteiligung zu verhindern.[10] Wenn wir über Inklusion sprechen, dann müssen wir also auch über diese Missstände sprechen – und wir müssen verstehen, wie andere Modelle von Behinderung zur Exklusion von behinderten Menschen geführt haben.

Die unsichtbare Norm

L aut Jahresbericht der Antidiskriminierungsstelle des Bundes war «Behinderung» im Jahr 2020 das häufigste Diskriminierungsmerkmal, für das Anfragen gestellt wurden, an Stelle 2 und 3 folgen «Ethnische Herkunft» sowie «Geschlecht». Auch im Jahr 2021 führten diese drei Merkmale die Statistik an.[1]

Die Diskriminierung behinderter Menschen hat vielfältige Gründe – ein wichtiger Punkt ist die historische Sicht auf «Behinderung», die sie als Krankheit, als biologische Funktionseinschränkung ansieht. Dieses «medizinische Modell von Behinderung» sieht Behinderung als Abweichung von einer unsichtbaren, von einer still vorausgesetzten Norm: Es gibt die «Normalen» und es gibt diejenigen, die vom Standard abweichen. In der Zeit des Nationalsozialismus hat diese Sichtweise so weit geführt, dass behinderte Menschen als «Entartungen» dargestellt wurden, als «lebensunwertes Leben», das interniert, vernichtet oder zumindest ausgegrenzt werden musste. Dieses Gedankengut ist heute glücklicherweise nicht mehr präsent, wirkt aber im kollektiven Unterbewusstsein noch immer nach. Und auch die Schaffung von Sonderräumen für Andersartige – zum Beispiel Förderschulen, Behindertenwerkstätten und Wohnheime für behinderte Menschen – markiert die Ausgrenzung von der «normalen Gesellschaft». Die medizinische Perspektive auf Behinderung führt zu einem strukturellen Ungleichgewicht, zu Bevormundung und Diskriminierung:

Behinderte Menschen sind hilflose Kranke, die bemitleidet und gepflegt werden müssen. Die Normvorstellung führt auch dazu, dass manche behinderte Menschen – etwa Personen auf dem autistischen Spektrum – aufgrund der relativen «Unsichtbarkeit» ihrer Behinderung im Alltag oft nicht als Menschen mit Behinderungen wahrgenommen werden, weil sie «zu gut funktionieren». Der Satz «Für mich bist du nicht behindert» ist vor diesem Hintergrund kein Kompliment, sondern eine bevormundende Zuschreibung, die Behinderung als offensichtliches Defizit versteht. Das medizinische Modell von Behinderung hat also auch viel mit einer Bewertung von Individuen zu tun, weshalb es auch manchmal «individuelles Modell von Behinderung» genannt wird.

Das medizinische bzw. das individuelle Modell von Behinderung geht vollkommen an der Selbstwahrnehmung vieler behinderter Menschen vorbei, die ihre Behinderung aus einer ganz anderen Perspektive betrachten. Statt den Fokus auf einen angeblichen Mangel zu legen, kann man die Funktionseinschränkung auch wertfrei als Teil dieser Person annehmen – sie ist in dieser Ansicht ein Merkmal wie die Augenfarbe. Die Person *ist* nicht behindert, sondern sie *wird* durch ihre Umwelt behindert, die individuelle Unterschiede nicht berücksichtigt. Wenn ich als Rollstuhlnutzer vor einer Treppe oder einem defekten Aufzug stehe und nicht weiterkomme, dann werde ich nicht durch meine Mobilitätseinschränkung behindert, sondern durch die Barrieren in der Welt. Mein Rollstuhl ist ein Mittel, das mir Freiheit und einen gewissen Grad an Selbstbestimmung verschafft – auch er behindert mich nicht. Diese Sichtweise ist als «soziales Modell von Behinderung» bekannt – und die angesprochenen Barrieren sind nicht nur räumlich zu verstehen, sondern betreffen beispielsweise auch den Zugang zum Arbeitsmarkt. Es geht also auch um behindernde Strukturen, um Institutionen sowie soziale Perspektiven und Prozesse.

Es ist sehr wichtig festzuhalten, dass mit dem sozialen Modell von Behinderung individuelle Einschränkungen mit all den Schwierigkeiten und schmerzhaften Erfahrungen, die damit zusammenhängen, nicht weggewischt werden sollen. Aber nicht jede Einschränkung führt auch automatisch zu einer Behinderung.[2]

Und die Unterschiede zwischen dem medizinischen und dem sozialen Modell von Behinderung und ihre jeweiligen Wirkungen werden noch klarer, wenn wir uns den Bereich der Sprache anschauen.

Die Macht der Sprache

Ich werde – vor allem von nichtbehinderten Menschen – immer wieder gefragt, ob man denn überhaupt «behindert» sagen darf oder nicht.[3] Der (nichtbehinderte) Schauspieler Wotan Wilke Möhring hat anlässlich der «Inklusionskomödie» *Weil wir Champions sind*[4] ein Interview gegeben, in dem er sich dazu äußert. Er weigere sich, seine Schauspielkolleg*innen «behindert» zu nennen, denn das sei eine «intolerante und […] unzureichende Bezeichnung. Eine, die ausschließlich das hervorhebt, von dem wir glauben, was diese Menschen alles nicht können, wo sie eingeschränkt sind, be-hindert sind.»[5] Wotan Wilke Möhring wollte sich mit seiner Äußerung etwas ungeschickt vom medizinischen Modell abgrenzen – vielleicht gut gemeint, aber nicht weit genug gedacht. An diese Denkweise schließt nämlich ein Trend an, der «behindert» durch Wörter ersetzt, die netter und gefälliger klingen – beispielsweise «herausgefordert», «mit Handicap» oder «mit speziellen Bedürfnissen». Gefährlich ist das, weil damit die Bedeutungsebene verwässert wird, die durch das soziale Modell von Behinderung eröffnet wird. Es gibt nun einmal zahlreiche räumliche, kommunikative und strukturelle Barrieren, die behindern – und deshalb vertrete ich die Meinung, dass wir dies auch klar benennen sollten. Die Aktivistin Tanja Kollodzieyski formuliert sehr treffend dazu: «Der Begriff ‹Behinderung› hat durchaus sozialkritische Elemente. Daher halten ihn viele behinderte Menschen für neutral und akzeptabel. Menschen ohne Behinderung tun daher gut daran, sich an diesen Begriff als etwas Neutrales zu gewöhnen.»[6] Sprache schafft Bewusstsein und hat Auswirkungen auf Verhalten – das zeigt auch eine Studie aus den USA: Wer mit «has a disability» («hat eine Behinderung») beschrieben wird, erfährt weniger Diskriminierung als jemand dem «special needs» («spezielle Bedürfnisse») zugesprochen werden.[7] Vor dem Hintergrund des medizinischen Modells ist dieses Ergebnis wenig überraschend: Menschen mit «speziellen Bedürfnissen» weichen von der Norm ab – und das kann auch als paternalistische Rechtfertigung genutzt werden, um sie in Sonderräumen auszugrenzen.

Wie wirksam und verbreitet das medizinische Modell von Behinderung ist, zeigt der Blick auf den Begriff «Heilerziehungspflege», der bis heute eine Berufsbildbezeichnung ist. Auf der Webseite der Agentur für Arbeit findet man folgende Tätigkeitsbeschreibung: «Heilerziehungspfleger/innen sind für die pädagogische, lebenspraktische und pflegerische Unterstützung und Betreuung von Menschen mit Behinderung zuständig. Sie begleiten die zu Betreuenden stationär und ambulant bei der Bewältigung ihres Alltags.»[8] Die Ausbildung dauert je nach Bundesland zwei bis fünf Jahre, und mögliche Arbeitgeber*innen sind beispielsweise Behindertenheime, Förderschulen, Werkstätten für behinderte Menschen, aber auch Privathaushalte. Ich finde den Begriff der Heilerziehungspflege hoch problematisch.⁹ Um zu erklären, warum, möchte ich das Wort in drei Bestandteile aufsplitten: «Heil-», «Erziehungs-» und «Pflege». Der erste Wortteil weckt sofort Assoziationen zum medizinischen Modell von Behinderung: Behinderte sind krank, also defizitär, und müssen geheilt werden. Ich als behinderter Mensch möchte aber nicht geheilt werden – ich kann auch gar nicht geheilt werden, weil aus meiner Perspektive die Behinderung von meiner Umwelt ausgeht. Der zweite Wortteil suggeriert, dass Menschen mit Behinderung erzogen werden müssen oder sollten. «Erziehung» bezeichnet die pädagogische Einflussnahme auf das Verhalten und die Entwicklung von Heranwachsenden. Der einzige Kontext, wo dieses Wort in Deutschland sonst noch benutzt wird, ist die Resozialisierung von Straffälligen im Gefängnis. Die Anwendung dieses Begriffes auf erwachsene Menschen mit Behinderung finde ich nicht nur unpassend, sondern bevormundend und paternalistisch. «Pflege» wird ansonsten in medizinischen Kontexten verwendet, in denen die Bedürfnisversorgung und medizinische Unterstützung im Vordergrund steht, nicht aber die Selbstbestimmung der zu Pflegenden. Entscheidend muss aber doch sein, dass Unterstützende den Wünschen der Unterstützten entsprechen, die – sofern ihnen das möglich ist – eine aktive und selbstbestimmte Rolle bei allen versorgenden Prozessen spielen. Es ist nicht so, dass es uns an sprachlichen Alternativen mangeln würde, die genau diese Perspektive widerspiegeln – ich würde beispielsweise «Inklusionsassistenz» vorschlagen.

Ich habe den Begriff «Heilerziehungspflege» schon in mehreren Kontexten kritisiert und dabei auch sehr negative Reaktionen von Menschen bekommen, die diesen Beruf ausüben. Viele haben eine starke intrinsische Motivation für diesen Job, weil er ihnen das Gefühl vermittelt, gebraucht zu werden. Wer scheinbar «hilflose» Menschen unterstützt, der fühlt sich gut dabei – und verdient Dankbarkeit, die für viele sicher auch deshalb so wichtig ist, weil andere Formen der Wertschätzung – wie etwa der finanzielle Aspekt – zu gering ausfallen. Ich möchte mit meiner Kritik die guten Absichten dieser Menschen nicht in Abrede stellen und habe eine Menge Respekt für Personen, die diesen Job ausüben. Aber wenn Befriedigung und das Gefühl des Gebrauchtseins durch eine zugeschriebene Hilflosigkeit behinderter Menschen entstehen muss, dann läuft etwas grundlegend falsch – denn das legt von vornherein ein Machtgefälle zwischen Unterstützenden und Unterstützten fest. «Heilerziehungspfleger*innen» werden ausgebildet und bezahlt, um behinderte Menschen mit Assistenzbedarf zu unterstützen – und wenn diese Bezahlung zu gering ausfällt, dann müssen wir als Gesellschaft daran etwas ändern. Und natürlich kann und sollte auch Dankbarkeit und Wertschätzung auf Augenhöhe Teil des Jobs sein. Meine Kritik richtet sich nicht gegen die Arbeit oder die Menschen, die sie ausführen, sondern gegen grundlegende strukturelle Perspektiven auf behinderte Menschen, die Inklusion behindern.

Das medizinisch geprägte, negative Bild von behinderten Menschen spiegelt sich in unzähligen gängigen Redewendungen wider. Behinderte Menschen sind beispielsweise «an den Rollstuhl gefesselt» oder «leiden an einer Behinderung». Sie «meistern ihr Leben trotz ihrer Behinderung». Solche – leider auch in den Medien immer noch verbreiteten – Floskeln transportieren ein negatives Bild von Behinderung, das Folgen hat. (Auf den Umgang der Medien mit Behinderung werden wir im Kapitel «Kunstvoll repräsentiert» noch einmal tiefer eingehen.) Ich möchte an dieser Stelle nicht nur als Aktivist, sondern auch als studierter Kommunikationswirt dazu aufrufen, diese Sprachbilder zu überdenken und sie zu vermeiden. Es geht nicht nur um die offensichtlich behindertenfeindlichen Sprachverwendungen – etwa «behindert» als Schimpfwort oder in einem abwertenden Kontext zu benutzen –, sondern um die Ausbildung einer generellen Sensibilität für die Macht der Sprache und die Vorstellung von Behinderung, die mit ihr transportiert wird.[10] Am wichtigsten ist dabei die Perspektive derjenigen, die davon direkt betroffen sind – und diese Perspektive kann sich von Individuum zu Individuum unterscheiden, muss sich also auch nicht mit der von mir dargestellten Betrachtungsweise decken. Bestenfalls kommen wir miteinander ins Gespräch und klären zum Beispiel, welche Selbstbezeichnungen aus welchem Grunde bevorzugt werden.

Dass unsere Sprache immer noch von vielen marginalisierenden und bevormundenden Begriffen durchzogen ist, zeigt die Beurteilung von behinderten Menschen nach einer bestimmten Normvorstellung. In der Forschung gibt es dafür einen Begriff, den wir uns auf den folgenden Seiten genauer anschauen sollten: Ableismus.

Behindertenfeindlichkeit, Ableismus und internalisierter Ableismus

Das Wort Ableismus setzt sich aus dem englischen «able» («fähig») und dem deutschen «ismus» (eine Wortendung, die auf ein abstraktes, geschlossenes Gedankensystem verweist) zusammen.[11] Es bezeichnet also die Bewertung von Menschen anhand ihrer Fähigkeiten – beziehungsweise die Erwartungshaltung, die an sie gestellt wird. Ableismus kann man nicht mit «Behindertenfeindlichkeit» gleichsetzen, denn das ist nur eine Facette des Phänomens. Behindertenfeindlichkeit beinhaltet eine Abwertung behinderter Menschen aufgrund ihrer Fähigkeiten, aber auch das Gegenteil – nämlich eine «Aufwertung» – kann ableistisch sein. Das Problem besteht nicht nur in der Art der Bewertung von behinderten Menschen, sondern in der generellen Erwartungshaltung, in der Etikettierung und Zuschreibung von Glaubenssätzen, die an einer bestimmten Normvorstellung orientiert sind. Zur Verdeutlichung möchte ich auf ein illustrierendes Beispiel eingehen, das Sigrid Arnade vom Interessenvertretung Selbstbestimmt Leben e. V. – ISL in einer zum Thema informierenden Broschüre beschreibt:

«Frau A. fährt nach der Arbeit mit dem Bus nach Hause. Der Busfahrer ist angesichts der Rollstuhlfahrerin, die in der Rushhour mitgenommen werden möchte, deutlich genervt und fragt: ‹Muss das denn sein, dass Sie um diese Zeit fahren?› Frau A. antwortet, es handele sich keineswegs um eine Kaffeefahrt, sondern der Bus solle sie von ihrer Arbeit nach Hause bringen. Daraufhin schlägt die Ablehnung des Busfahrers in übertriebene Bewunderung um: ‹Oh, das ist gut, dass Sie Arbeit haben und arbeiten können!›»[12]

Was passiert in dieser Szene? Der Busfahrer hat anscheinend die stille Erwartungshaltung, dass die Rollstuhlnutzerin Frau A. (aufgrund ihrer wahrgenommenen «Behinderung») keinen triftigen Grund haben kann, zur geschäftigsten Zeit Bus zu fahren. Dass sie es doch tut, verursacht nun ihm «zusätzliche Mühen», da er vielleicht die Rampe für sie bereitstellen muss. Seine negative Bewertung schlägt in eine «positive» um, als er erfährt, dass Frau A. berufstätig ist – oh, wie bewundernswert es doch ist, dass sie «trotz ihrer Behinderung» arbeitet.

Formen von Ableismus gehören für behinderte Menschen zum Alltag, denn dieser gründet sich auf ein (bewusst oder unbewusst entstandenes) Bild von Behinderung, das, zum Beispiel durch Sprache, sozial erworben und weitergegeben wird. Ableismus geht oft von sogenannten Ables – also nichtbehinderten Menschen – aus, aber auch Menschen mit Behinderungen können sich ableistisch verhalten. Wenn ein Mensch im Rollstuhl beispielsweise einen Post auf Instagram ohne Bildbeschreibung abfasst, die sehbehinderte Personen als Zugangsvoraussetzung benötigen, dann kann das mit einer bestimmten Normvorstellung zusammenhängen, die Fähigkeiten voraussetzt. Gleichzeitig kann es sein, dass eine behinderte Person wirklich nicht fähig ist, passende Bildbeschreibungen zu verfassen, weil beispielsweise das eigene Energielevel dafür nicht reicht. Da wären dann technische oder personelle Unterstützungsmöglichkeiten eine inklusive Lösung.[13] Hier zeigt sich auch, dass es nicht nur um Bewertungen und Erwartungen geht, sondern dass Ableismus konkrete Folgen in der Realität hat. Barrieren im Alltag – von der fehlenden Audiodeskription, über verwirrende Gebäudegrundrisse bis hin zur Allgegenwart von unüberwindbaren Stufen – gründen sich auf ableistische Normvorstellungen.

Durch die ständige Präsenz und Selbstverständlichkeit des Ableismus bilden viele behinderte Menschen auch eine Form dieses Phänomens aus, das sich gegen die eigene Person und Behinderung richtet. «Internalisierter Ableismus» äußert sich bei mir zum Beispiel darin, dass ich mich bis heute nur sehr schwer von der Sorge frei machen kann, dass ich durch meine Behinderung anderen zur Last falle. Eine andere verbreitete Form ist der ständige Drang, besonders viel Leistung zu erbringen, um zu zeigen, dass man genauso «gut und fähig» ist wie nichtbehinderte Menschen. Formen des internalisierten Ableismus sind letztendlich Unterdrückung gegen sich selbst – denn beim Ableismus geht es immer auch um Macht. Wenn eine Gruppe von Menschen aufgrund scheinbar fehlender Fähigkeiten hilflos ist, dann steht die Gruppe, die über diese Fähigkeiten verfügt, in der Hierarchie über ihr. Dieser gefährliche diskriminierende Grundsatz ist ein wichtiger Kern des Ableismus – und zeigt auch ganz offensichtlich, warum Ableismus so relevant für die

Inklusion ist: Gleichberechtigte Teilhabe und Akzeptanz aller Menschen ist nicht möglich, wenn eine solche Unterscheidung im Hintergrund steht.

Eine Frage, die ich auf den nachfolgenden Seiten noch ansprechen möchte, ist die nach den Folgen dieser ableistisch geprägten Grundsituation – und zwar auf einer persönlichen Ebene. Was macht Ableismus mit behinderten Menschen?

Der Besteckkasten der Belastung

Im Jahr 2022 hatte ich einen Autounfall – genauer gesagt wurde ich mit meinem Rollstuhl auf einem Zebrastreifen von einem SUV angefahren. Die Folge war ein vierfacher Trümmerbruch meines linken Beins, was zu Krankenhausaufenthalten und vielen Wochen sehr schmerzhafter Genesung führte, die ich nur unter Einsatz von starken Schmerzmitteln überstand. Das Ganze war für mich lebensgefährlich – nur weil mein Rollstuhl den Aufprall abgebremst hat, habe ich überlebt. Mein allgemeiner Gesundheitszustand sorgt dafür, dass viele alltägliche Dinge sehr anstrengend für mich sind. Was aber mindestens genauso anstrengend wie die körperlichen Probleme ist, betrifft die Art und Weise, wie meine Umwelt gestaltet ist und die Formen meines internalisierten Ableismus. All das zusammengenommen sorgt für eine große Erschöpfung – mir droht ständig der Disability-Burn-out.[14]

Um darzustellen, wie behinderte Menschen mit einer solchen Belastung umgehen, können die sogenannten Besteck-Theorien nützlich sein.[15] Ein häufiger Satz, den man in der Community der behinderten Menschen wahrnimmt, ist «Ich habe dafür keine Löffel mehr übrig.» Damit nehmen sie Bezug auf die sogenannte Spoon-Theory, die von Christine

Miserandino auf ihrem Blog entwickelt wurde.[16] Die Idee: Die Löffel beschreiben eine Art Energievorrat, der von Tätigkeiten und stressigen Erlebnissen aufgebraucht wird. Behinderte und chronisch kranke Menschen starten oft von Beginn an mit weniger Energieressourcen als andere, haben also nur begrenzte Ressourcen für die Bewältigung des Alltags. Gleichzeitig ist der Alltag dieser Personengruppe aber auch viel stressiger, die Löffel sind also schneller aufgebraucht: Überall gibt es Barrieren im Alltag – egal ob das kaputte Aufzüge, komplizierte Sprache oder ableistische Busfahrer sind. Zusätzlich haben behinderte Menschen einen absurd hohen Verwaltungsaufwand. Ständig geht es darum, die Behinderung nachzuweisen und Bedarfe zu rechtfertigen. Und es gibt die Ebene des internalisierten Ableismus, der zusätzlich an den Energiereserven zehrt.

Als Erweiterung der «Spoon-Theory», wurde die «Fork-Theory»[17] vorgeschlagen, die ähnlich funktioniert wie die Löffel-Theorie – diese aber durch Gabeln ersetzt, die einen stechen, was die schmerzhafte Qualität von bestimmten Tätigkeiten und Erfahrungen unterstreichen soll. Man kann nur eine bestimmte Anzahl von Gabelstichen aushalten, bevor die totale Erschöpfung erreicht ist. Der Besteckkasten der Belastung wird komplettiert durch die «Knife-Hypothesis», mit der Terry Masson[18] das Messer in dieses metaphorische Bild einführt. Das Messer ist ein hocheffizientes Werkzeug, eine Energieressource, mit der man fast alles schaffen kann – aber es hinterlässt bei Benutzung auch tiefe Wunden. Damit können beispielsweise traumatische Erlebnisse oder übermäßige Anstrengungen beschrieben werden, die bleibende Folgen haben. All diese Metaphern sollen klarmachen, wie die körperlichen und geistigen Folgen von Behinderung belasten. Mit meinen zunehmenden gesundheitlichen Problemen habe ich das Gefühl, dass ich immer weniger «Löffel» zur Bewältigung des Alltags voller Barrieren zur Verfügung habe – und auch meine Kapazität an aushaltbaren «Gabeln» sinkt. Und manchmal kommt es zu einschneidenden Erlebnissen wie dem Autounfall, oder ich packe selbst das Messer aus – zum Beispiel wenn ich durch meinen internalisierten Ableismus einem bestimmten Leistungsverständnis unbedingt entsprechen will und weit über meine verfügbaren Energieressourcen hinausgehe.

All das beschreibe ich nicht, um Mitleid mit behinderten Menschen bei Ihnen als Leser*innen auszulösen. Ich möchte vielmehr deutlich machen, dass neben dem gesellschaftlichen Diskurs über Inklusion bzw. Ableismus und Diskriminierung auch die persönliche Ebene eine ganz entscheidende Rolle spielt. Im nächsten Kapitel wechseln wir wieder auf eine überpersonale Ebene – es geht um das institutionalisierte Wohlfahrtssystem in Deutschland und warum ich es aus der Perspektive der Inklusion höchst problematisch finde.

Strukturelle Gewalt unter dem Deckmantel der Fürsorge

Diskriminierung von behinderten Menschen drückt sich auch in Gewalt aus – doch nicht immer muss diese Gewalt so direkt und unmittelbar sein wie beispielsweise beim Vierfachmord an behinderten Menschen in der Potsdamer Pflegeeinrichtung «Oberlinhaus», der 2021 große mediale Wellen schlug (mehr dazu im Kapitel «Selbstbestimmt leben?»). Es gibt auch eine subtilere, aber viel allumfassendere Gewalt – eine, die strukturell bedingt ist. Wenn ich von struktureller Gewalt spreche, dann meine ich eine Gewaltform, die gesellschaftlichen oder staatlichen Strukturen innewohnt. Solche Systeme zum Gegenstand einer Kritik zu machen, ist ein schwieriges Unterfangen, denn meistens ist damit eine bestehende Ordnung verbunden – und um die «Ordnung zu erhalten», wird einiges in Kauf genommen, beispielsweise die Ausgrenzung von Menschen mit Behinderungen.

Befriedungsverbrechen

Einer der Pioniere der Aufarbeitung und Entlarvung struktureller Gewalt ist der italienische Psychiater Franco Basaglia, der im Namen der Menschenrechte behinderter Menschen beispielsweise die damals so genannten Irrenanstalten Italiens öffentlich an den Pranger stellte und 1978 sogar deren Schließung erreichte. Um die strukturelle Gewalt in solchen Institutionen zu beschreiben, prägte er den Begriff des «Befriedungsverbrechens».[1] «Befriedung» heißt in diesem Kontext «Ruhigstellung zum Erhalt der Ordnung» – es geht letztendlich um die Verwaltung behinderten Lebens unter dem Deckmantel der Fürsorge. Franco Basaglia formuliert:

> «Der neue Sozialpsychiater, der Psychotherapeut, der Sozialarbeiter, Betriebspsychologe und Industriesoziologe (um nur einige zu nennen) sind nichts anderes als die neuen Verwalter der Gewalt ihrer Auftraggeber, der Machtinhaber; […] Dem Perfektionismus der Fachleute und Spezialisten gelingt es, den Ausgeschlossenen dazu zu bringen, dass er seine soziale Unterlegenheit akzeptiert.»[2]

Basaglia meint also nicht nur die Ruhigstellung oder Fixierung von Menschen durch Medikamente oder Zwangsjacken, wie sie in entsprechenden Einrichtungen vorkommt (eine Praxis, die bis heute praktiziert wird). Er meint die Befriedung einer ganzen Gruppe von Menschen, die als von der Norm Abweichende in institutionellen Einrichtungen exkludiert werden, die außerhalb der Mehrheitsgesellschaft existieren. Das alles wird getragen von dem Argument, dass diese Personengruppe besonders hilfsbedürftig ist und ihre Betreuung in besonders geschützten Räumen und durch besonders ausgebildete Fachkräfte zu erfolgen hat. Ich möchte an dieser Stelle folgende Frage in den Raum werfen: Wer wird durch die Exklusion von behinderten Menschen wirklich geschützt? Sind es die Menschen mit Behinderungen, oder ist es die Mehrheitsgesellschaft, die sich dann nicht mehr mit ihnen auseinandersetzen muss? Inklusion bedeutet immer auch eine Neustrukturierung von bestehenden Machtverhältnissen. Inklusion bedeutet auch die Aufhebung der bestehenden Ordnung. Inklusion bedeutet immer auch Reibung und Auseinandersetzung mit Missständen. Viel einfacher und bequemer als die selbstkritische Konfrontation mit all diesen Themen ist die Erhaltung der bestehenden Ordnung – und das bedingt strukturelle Gewalt.

Ich möchte – auch als Kommentar zu Basaglias Zitat – noch einen Punkt unmissverständlich klarstellen, der sich durch das gesamte Buch ziehen wird: Die Kritik richtet sich nicht direkt gegen die Arbeit oder die Gesinnung von Personen, die in solchen Institutionen angestellt sind, sondern gegen die dahinterstehenden Strukturen. Trotzdem sind auch die Personen innerhalb dieses Systems in der Pflicht, diese Systeme und die damit verbundenen Glaubenssätze kritisch zu hinterfragen. Auch ich möchte im nächsten Abschnitt ein System kritisch beleuchten, das für die Situation behinderter Menschen ganz wesentlich ist: das System der Wohlfahrtsverbände in Deutschland.

Die Wohlfahrtsindustrie

«Befriedungsverbrechen», «strukturelle Gewalt» – all das weckt Assoziationen zur Zeit des Nationalsozialismus. Nach dem Ende des Zweiten Weltkriegs wollte man verhindern, dass sich ein Ereignis wie der millionenfache Mord (auch an Menschen mit Behinderungen) wiederholt. Der gewählte Lösungsansatz war eine Reaktivierung der freien Wohlfahrtsverbände, deren Geschichte sich teilweise bis in die Mitte des 19. Jahrhunderts zurückverfolgen lässt. Die freie Wohlfahrt war zur Zeit der Weimarer Republik ein wichtiger Bestandteil der Sozialordnung, seine Verbände wurden allerdings während der Zeit des

Nationalsozialismus stark in ihren Handlungsmöglichkeiten eingeschränkt, sie wurden verboten, oder man versuchte, sie in NS-Organisationen umzuwandeln. Mit Gründung der Bundesrepublik Deutschland wurden die freien Wohlfahrtsverbände, die sich entweder reaktiviert oder neu gegründet hatten, wieder in ihrer eigentlichen Funktion im Sozialstaat eingesetzt.[3] Dabei sollten sie unabhängig vom Staat nach dem sogenannten Subsidiaritätsprinzip agieren – vereinfacht besagt dieses Prinzip, dass Aufgaben, die kleinere Organisationseinheiten (von Bürger*innen bis zu Verbänden) selbst übernehmen können, auch von diesen Akteuren und nicht vom Staat ausgeführt werden müssen. Durch die Entscheidungsunabhängigkeit der freien Wohlfahrt sollte sichergestellt werden, dass in einer «partnerschaftlichen Zusammenarbeit von Trägern öffentlicher und freier Wohlfahrtspflege» eine «wirksame Ergänzung zum Wohle des Hilfesuchenden» erreicht wird. Die freie Wohlfahrt ist damit eine der «tragenden Säulen im Sozialstaat».[4] Das beinhaltet auch die Idee, dass soziale Leistungen keine «milde Gabe von Staat und Wirtschaft an hilfebedürftige Menschen, sondern bürgerschaftlich gestaltete Lebensstandardsicherung»[5] sind.

Zu den wichtigsten deutschen Wohlfahrtsverbänden zählen beispielsweise die Arbeiterwohlfahrt (AWO), die Caritas, das Deutsche Rote Kreuz, die Diakonie und der Paritätische Gesamtverband. Diese Verbände sind von dahinterstehenden Wertbildern und ethischen Vorstellungen getragen – beispielsweise ist die Caritas der katholisch-christlichen Lehre verpflichtet. Diese Verbände werden zu etwa 90 Prozent aus den Sozialversicherungen (beispielsweise als Entgelte für Pflegeeinrichtungen o. Ä.) bzw. aus staatlichen Zuschüssen finanziert[6], weitere Einnahmequellen sind Geld- und Sachspenden sowie Geldmittel aus sogenannten Soziallotterien wie beispielsweise der «Aktion Mensch» (ehemals «Aktion Sorgenkind»).[7] Als

Träger*innen von Sozialeinrichtungen und -diensten bieten die Wohlfahrtsverbände nicht nur Angebote für Menschen mit Behinderungen an, sondern auch für alte Menschen, Menschen mit psychischen Erkrankungen, Geflüchtete oder Menschen in sozialer Notlage.

Auf dem damaligen Stand der Sozialpolitik und -pädagogik war die Reaktivierung des Wohlfahrtssystems nach dem Zweiten Weltkrieg prinzipiell eine gute Idee. Man hat die nötigen gemeinnützigen Institutionen geschaffen oder reaktiviert, die unterstützungsbedürftige Menschen versorgen und ausbilden können.

Das Problem: Diese großen Wohlfahrtsverbände wurden immer gewaltiger und haben sich mittlerweile verselbstständigt, sie etablierten eine in sich geschlossene soziale und sozialwirtschaftliche Infrastruktur und wurden zu regelrechten Wohlfahrtsindustrien. Die Verbände betreiben Stand 2022 etwa 120 000 Einrichtungen und Dienste, bis zu 1,9 Millionen Menschen sind hauptberuflich bei ihnen beschäftigt.[8] Obwohl sie zur Gemeinnützigkeit verpflichtet sind, wurden aus ihnen mächtige soziale Wirtschaftsakteure, die Milliardenumsätze machen. Nils Möller von der Liga der Freien Wohlfahrtspflege in Hessen sagte 2021: «Die Wohlfahrtsverbände sind für den Zusammenhalt der Gesellschaft systemrelevant. Mit unseren Angeboten und Dienstleistungen integrieren wir schwache Gruppen und verhindern so eine weitere Spaltung der Gesellschaft.»[9] Das Erste, was an dieser Aussage auffällt: Anscheinend hat Herr Möller das Memo zum neuen Wording der Wohlfahrtsverbände nicht gekriegt, denn auch diese schreiben sich vielfach «Inklusion» auf die Fahnen und nicht mehr «Integration». Die zweite Auffälligkeit betrifft das Wort «systemrelevant», ein Adjektiv, das Möller damit begründet, dass ohne die Arbeit der Wohlfahrtsverbände eine «Spaltung der Gesellschaft» vorangetrieben würde. Für mich klingt das wie blanker Hohn, wenn man bedenkt, dass die Wohlfahrt einer der bedeutendsten Träger*innen für Behindertenheime und Werkstätten für behinderte Menschen ist – Einrichtungen, die die Spaltung der Gesellschaft nicht verhindern, sondern sie sogar oftmals fördern, indem sie behinderte Menschen in Sonderräume exkludieren. Systemrelevant ist die Wohlfahrtsindustrie vor allem, weil sie nach dem Einzelhandel die zweitmeisten Arbeitsplätze in Deutschland bereitstellt.[10] Zu guter Letzt spricht Möller von «schwachen Gruppen» und bedient damit auch das ableistische Bild von hilflosen behinderten Menschen, die dankbar für die Fürsorge der Mehrheitsgesellschaft sein sollten.

Nun kann und will ich die Kritik am Wohlfahrtssystem nicht an einem Zitat festmachen – aber trotzdem zeigen sich hier in erschreckender Deutlichkeit die Hauptprobleme dieses Systems und vor allem, welche Selbstwahrnehmung damit verbunden wird. Ich möchte nicht behaupten, dass alles, was von der Wohlfahrt gemacht wird, Menschen mit Behinderungen unterdrückt oder Inklusion verhindert, denn es gibt durchaus auch gute Projekte und Initiativen. Wenn wir aber wirklich verstehen wollen, warum diese verstetigten Strukturen und Institutionen so problematisch sind, dann müssen wir tiefer gehen und uns die ungelösten Fragen der Inklusion vornehmen – und genau das wird in Teil II dieses Buches unter Beteiligung zahlreicher Expert*innen und Selbstvertreter*innen geschehen.

Vorläufig möchte ich meinen Standpunkt festhalten: Fahrdienste, Heime, Werkstätten und viele andere «Angebote» der Wohlfahrt tragen dazu bei, dass Menschen mit Behinderungen an die Ränder der Gesellschaft gedrängt werden. Die Wohlfahrtsindustrie hat eine «Schonraumfalle» geschaffen, in die Menschen mit Behinderungen abgeschoben werden. (Auch dazu mehr in Teil II.) Dieses System ist nicht nur ein machtvoller Wirtschaftsfaktor geworden, sondern es bewahrt die Mehrheitsgesellschaft davor, sich wirklich mit Inklusion auseinanderzusetzen – denn um die zu «erreichen», hat das Marketing-Team der Wohlfahrtsverbände andere Pläne.

Öffentlichkeitsarbeit für die Verbreitung von Binsenwahrheiten

Wohlfahrtsverbände fahren millionenschwere Werbekampagnen, in denen sie darüber aufklären wollen, dass Menschen mit Behinderungen auch Menschen sind. Ich frage mich: Hat jemals ein*e Rassist*in allein durch seichte Aufklärungsarbeit grundlegend seine*ihre Einstellung verändert? Helfen uns Plakate voller lächelnder Gesichter, unterschrieben mit Binsenweisheiten, wirklich dabei, den Prozess der Inklusion voranzutreiben? Ist das die beste Verwendung der Mittel? Oder könnten wir die vorhandenen Ressourcen nicht besser dazu nutzen, mehr Menschen mit Behinderungen Zugang zum allgemeinen Arbeitsmarkt zu verschaffen, statt sie in Behindertenwerkstätten auszubeuten? Könnten wir sie nicht besser dafür nutzen, Alternativen zu stationären Pflegeeinrichtungen zu fördern – und zwar auch für sogenannte schwerst- und mehrfachbehinderte Menschen? Könnten wir sie nicht besser dafür nutzen, inklusive Bildungssysteme voranzutreiben und ausgrenzende Förderschulsysteme abzubauen, damit behinderte und nichtbehinderte Kinder standardmäßig zusammen lernen und miteinander sozialisiert werden? Nun wird die Antwort der Wohlfahrtindustrie auf diese Fragen sein, dass sie all diese Bestrebungen auch verfolgen und entsprechende Projekte im Portfolio haben. Das stimmt zwar auf dem Papier, aber es verändert sich trotzdem seit Jahren kaum etwas in diesen Bereichen –

Behindertenwerkstätten haben Vermittlungsquoten von unter 1 Prozent, es leben immer noch Hunderttausende Menschen in vollstationären Einrichtungen, und die Quote von Kindern, die in Förderschulen unterrichtet werden, bleibt konstant. Ich verspüre mittlerweile Wut im Bauch, wenn ich die x-te mediale Inklusionskampagne von Wohlfahrtsverbänden sehe, die sich gleichzeitig vehement gegen die Deinstitutionalisierung der exkludierenden Strukturen stemmen, für die sie teilweise selbst Trägerverband sind. Bei mir verfestigt sich der Eindruck, dass all das Gerede über Inklusion, Selbstbestimmung und Teilhabe in diesem Kontext darüber hinwegtäuschen soll, dass das Wohlfahrtssystem in allererster Linie daran interessiert ist, seine bestehenden Strukturen aufrechtzuerhalten. Immerhin kann man auf die Marketingkampagnen verweisen und hat damit die Ausrede parat, dass man ja alles für das «gemeinsame Ziel Inklusion» tue.

Nichts über uns ohne uns

Seit Jahren kritisiere ich die Wohlfahrtsverbände öffentlich und stelle unangenehme Fragen, auf die ich nur selten eine Antwort kriege. Stattdessen werde ich gebeten, doch eigene Vorschläge zu machen, was ich denn nun konkret von der Wohlfahrt erwarte. Eine meiner Antworten war: «Dafür sorgen, dass Menschen mit Behinderung in allen Hierarchien der Wohlfahrt arbeiten und mitentscheiden. Warum ist der Vorstand und die GF fast immer ohne Behinderung?»[11] Ende 2020 bekam ich tatsächlich eine lange schriftliche Replik von Dr. Joß Steinke, seines Zeichens Bereichsleitung Jugend und Wohlfahrtspflege im Generalsekretariat der Wohlfahrt des Deutschen Roten Kreuzes, auf dem Blog der DRK-Wohlfahrt.[12] Steinke zeigte sich zerknirscht über die harsche Kritik und stellt sich die (für ihn erschreckende) Frage, was wohl passieren würde, wenn sich Menschen mit Behinderungen von der Wohlfahrt emanzipieren. Er räumt auch selbstkritisch ein, dass die Wohlfahrt ein Glaubwürdigkeitsproblem hätte. Auf die Kritik der Repräsentanz von behinderten Menschen entgegnete er, dass sich in der Selbsthilfeorganisation ja schon viele Menschen mit Behinderungen unter dem Dach der Wohlfahrt formieren würden. Von festen Quoten bis zur Führungsebene hält er allerdings wenig, denn: «Die Frage nach einer Quote führt jedoch automatisch zur Frage danach, welche weiteren Quoten wir bräuchten» – man müsse schließlich auch andere diskriminierte Gruppen vertreten und nicht nur die Menschen mit Behinderung. Bei der «Repräsentanz der pluralen Gesellschaft» innerhalb der Wohlfahrtsinstitutionen seien noch viele Fragen offen, grundsätzlich müsse man über all das reden, mehr Repräsentanz ermöglichen und gemeinsame Wege gehen – dahingehend würde man sich gerade konzeptionell und personell neu aufstellen.

Ich bin gerne zu weiterem Dialog bereit, aber all diese Worte haben mir immer noch nicht die entscheidende Frage beantwortet: Warum treffen Menschen ohne Behinderungen Entscheidungen über Menschen mit Behinderungen? Es gibt einen wichtigen Grundsatz in der Geschichte der Behindertenbewegung – «Nichts über uns ohne uns»[13] –, der nicht nur im Bereich der Behindertenpolitik, sondern allgemein für die Idee der Inklusion zentral ist. Wer diesen Grundsatz nicht ganz oben auf die Agenda schreibt und wirklich durchsetzt, der sucht meiner Meinung nach keine Wege zur Inklusion, hat aber jede Menge Ausreden parat.

Ich bin daran interessiert, auch Fragen zu diskutieren, die unangenehm sind, die an die Substanz gehen – und genau das werde ich im folgenden Teil des Buches tun. Auf der Suche nach echten Wegen zur Inklusion habe ich nicht nur meine

Gedanken zu den ungelösten Fragen der Inklusion formuliert, sondern auch Gespräche mit zahlreichen Expert*innen geführt, die selbst behindert werden oder eine direkte persönliche oder besondere berufliche Beziehung zum Thema «Behinderung» haben.

TEIL II

Ungelöste Fragen der Inklusion

Frei von Barrieren?

 Raul Krauthausen @raulde

«Ich finde das ja so bewundernswert, wie nichtbehinderte Menschen trotz all der Barrieren in
ihren Köpfen das Leben meistern.»

Während ich an diesem Buch gearbeitet habe, las ich eine
stolze Meldung der Kasseler Verkehrs-Gesellschaft
(KVG): Bis 2063 soll der dortige ÖPNV vollständig barrierefrei
werden.[1] Nachdem ich mich vergewissert hatte, dass ich mich
nicht verlesen hatte oder ein Zahlendreher vorlag, rechnete ich
nach: Ich könnte erst im Alter von 83 Jahren in Kassel mit den
Öffis ohne viel Kopfzerbrechen von A nach B kommen. Und
das auch nur, wenn alles nach Plan läuft. Eine bittere Erkenntnis. (Ob die KVG mit «vollständig barrierefrei» in Wirklichkeit
«rollstuhlgerecht» meint oder tatsächlich alle Barrieren für alle
behinderten Menschen beseitigen will, erschloss sich durch
den Artikel leider nicht.)

Das ist nur ein Beispiel von vielen, die zeigen: Beim Thema
«Barrierefreiheit» liegt noch ein langer Weg vor uns. Und auch
wenn die KVG «Ein Marathon, kein Sprint» titelt, dürfen wir
uns trotzdem nicht mit Versprechungen für eine viel zu ferne
Zukunft abspeisen lassen. Klar – Anpassungen bestehender
Infrastruktur und eine grundlegende planerische Neuaufstel-
lung brauchen Zeit, aber 40 Jahre sind zu viel. Dass es mit der
Herstellung von Barrierefreiheit so schleppend vorangeht, hat

strukturelle Gründe, die wir aufarbeiten sollten. Zuerst möchte ich aber kurz darstellen, was Barrierefreiheit überhaupt bedeutet und warum sie so wichtig für die Inklusion ist.

Als nichtbehinderter Mensch kann man sich schwer vorstellen, wie es ist, als Rollstuhlfahrer an den Stufen einer Kneipe zu verzweifeln, in die man mit den Kolleg*innen spontan nach der Arbeit einkehren wollte. Man kann sich schwer vorstellen, wie es sich anfühlt, sich als Mensch mit Sinneseinschränkungen aufgrund fehlender Leitsysteme in einem Gebäude nicht selbstständig zurechtfinden zu können. Man kann sich schwer vorstellen, wie verwirrend die Architektur vieler Gebäude für Menschen mit sogenannten intellektuellen Einschränkungen oder wie frustrierend ein komplizierter Text für sie sein kann. Ein Gang über den Weihnachtsmarkt kommt für neurodivergente Menschen aufgrund der sensorischen Reize einer psychischen und physischen Folter gleich. Barrierefreiheit ist eine Grundvoraussetzung zur Teilhabe am gesellschaftlichen Leben. Wir können uns noch so viel Mühe geben, die «Barrieren im Kopf» abzubauen – wenn wir die real existierenden Barrieren ignorieren, wird Inklusion nur ein schönes Wort bleiben.

Doch was bedeutet Barrierefreiheit denn nun ganz genau? In der UN-Behindertenrechtskonvention verpflichten sich die unterzeichnenden Staaten, Menschen mit Behinderungen den «gleichberechtigte[n] Zugang zur physischen Umwelt, zu Transportmitteln, zu Information und Kommunikation» zu gewährleisten. Außerdem müssen «Einrichtungen und Dienste, die der Öffentlichkeit in städtischen und ländlichen Gebieten offen stehen […] für sie bereit gestellt werden».[2] In Deutschland finden wir im Behindertengleichstellungsgesetz (BGG) folgende Definition von Barrierefreiheit:

«Barrierefrei sind bauliche und sonstige Anlagen, Verkehrsmittel, technische Gebrauchsgegenstände, Systeme der Informationsverarbeitung, akustische und visuelle Informationsquellen und Kommunikationseinrichtungen sowie andere gestaltete Lebensbereiche, wenn sie für Menschen mit Behinderungen in der allgemein üblichen Weise, ohne besondere Erschwernis und grundsätzlich ohne fremde Hilfe auffindbar, zugänglich und nutzbar sind. Hierbei ist die Nutzung behinderungsbedingt notwendiger Hilfsmittel zulässig.»[3]

Wenn man dieses Paragrafendeutsch liest, dann denkt man zuerst an technische und materielle Hilfsmittel: Aufzüge, Blindenleitlinien, Sprachausgaben. Und das alles sind wichtige Elemente einer barrierefreien Welt. Für mich bedeutet Barrierefreiheit aber mehr als Verklauselungen oder DIN-Normen für Gebäude und Sanitäranlagen: Durch Barrierefreiheit soll Teilhabe und Selbstständigkeit ermöglicht werden. Doch was ist mit den Barrieren, die Menschen mit bestimmten Einschränkungen nur mithilfe einer Person überwinden können? Eine Toilette kann noch so gut gebaut sein – manche Menschen sind trotzdem auf menschliche Hilfe angewiesen, um sie benutzen zu können. Genauso verhält es sich mit gehörlosen Menschen, die bei einer Veranstaltung Dolmetschende brauchen. Die Trennung zwischen Pflege/Assistenz und Barrierefreiheit ergibt für mich hier keinen Sinn. Beides ist notwendig, um allen Menschen Teilhabe und Autonomie zu ermöglichen.[4] Barrierefreiheit kann auch reduzierte Reize für neurodivergente Menschen oder vereinfachte, klare Kommunikationsformen bedeuten. Sie bezieht sich nicht nur auf bauliche und unterstützende/pflegerische Maßnahmen, sondern auch auf die gesellschaftliche Struktur. Psychische Erkrankungen sind mittlerweile selbst im staatlichen Prinzip des Grads der Behinderung als solche anerkannt, werden aber bei

Barrierefreiheit meist ausgeblendet. Hier würden verkürzte Arbeitszeiten, Rückzugsräume oder auch zwischenmenschliche Unterstützung bestehende Barrieren abbauen. Barrierefreiheit nützt nicht nur Menschen mit Behinderungen, sondern auch älteren Menschen, Familien mit Kinderwagen, Menschen mit temporären Mobilitätseinschränkungen und überhaupt allen – sie ist ein Grundrecht. Nachdem wir uns nun einen Überblick verschafft haben, was Barrierefreiheit ist, müssen wir uns im nächsten Schritt anschauen, wie das bisher umgesetzt wird.

Deutschland hat sich verpflichtet, Barrieren abzubauen. Im Behindertengleichstellungsgesetz ist deshalb nicht nur eine Definition von Barrierefreiheit enthalten, sondern es werden auch bestimmte Richtlinien festgelegt – beispielsweise für die Zugänglichkeit von Gebäuden, von Informationen und von Kommunikation. Das Problem: Das BGG weist eine ganze Menge Lücken auf, gewährt eine Menge Ausnahmen und Fristaufschübe und gilt nur für bestimmte Sektoren. Die Privatwirtschaft ist zum Beispiel außen vor, die Verpflichtungen gelten nur für öffentliche Träger und Einrichtungen. Ich frage mich: Warum haben wir beim Brand- und Denkmalschutz verbindliche Richtlinien, die auch für den privaten Bereich gelten, aber für ein zentrales Grundrecht wie Barrierefreiheit kriegen wir nur «Zielvereinbarungen» hin, die zwischen Behindertenverbänden und Unternehmen getroffen werden sollen?[5] Andere Länder haben längst erkannt, dass die Nichtherstellung von Barrierefreiheit eine eklatante Form der Diskriminierung ist: In den USA und Österreich kann man deshalb Privatunternehmen verklagen, und es werden teils erhebliche Geldbußen verhängt.[6]

Es gibt beim Thema «Barrierefreiheit» also genug Gründe zur Diskussion und – wenn es um die Umsetzung geht – auch genug Gründe zur Empörung. Wie Barrierefreiheit – speziell im baulichen Bereich – besser funktionieren kann, darüber habe ich mit Barbara Sima-Ruml gesprochen.

Barrierefreies Bauen für alle – **Barbara Sima-Ruml**

BARBARA SIMA-RUML **ist Sachverständige für Barrierefreies Bauen in der Steiermark. Als Lehrbeauftragte an der TU Graz und der FH Joanneum hat sie einen Podcast[7] rund um dieses Thema für ihre Studierenden aufgenommen. Unter dem Pseudonym «Die Vierraddiva»[8] setzt sie sich online für die Gleichberechtigung von Menschen mit Behinderungen ein.**

Raúl: Liebe Barbara, du bist Expertin für Barrierefreies Bauen und selbst Rollstuhlfahrerin. Ich habe mit einem Kollegen[9] von dir gesprochen, der mir eröffnet hat, dass im baulichen Bereich 90 Prozent der primären Anpassungen Menschen mit Mobilitätseinschränkungen betreffen, weil alles andere viel leichter nachzurüsten ist.

Barbara Sima-Ruml: Dem würde ich auf sachlicher Ebene zustimmen. Man kann viel einfacher und kostengünstiger eine induktive Höranlage nachrüsten als einen Treppeneingang stufenlos machen. Die pragmatische Fixierung auf Mobilitätsbarrieren ergibt deshalb Sinn, aber sie sorgt auch dafür, dass andere Behinderungen in den Hintergrund rücken. Zu oft werden andere sinnvolle und notwendige Anpassungen von den Bauherr*innen ausgespart, weil sie ja einfach nachrüstbar seien.

Raúl: Beim Barrierefreien Bauen für mobilitätseingeschränkte Menschen geht es um Grundlagen wie möglichst wenig Schwellen und Stufen, Aufzüge, breite Durchgänge und ausreichend Wendemöglichkeiten sowie rollstuhlgerechte Sanitäranlagen. Was gibt es noch für Anpassungen?

Barbara Sima-Ruml: Die Anpassungen richten sich am Bedarf von Menschen mit verschiedenen Einschränkungen aus, und auch der Grad der Einschränkung spielt eine Rolle.

Wenn wir über Sinneseinschränkungen sprechen, macht es beispielsweise einen großen Unterschied, ob jemand vollständig erblindet ist oder noch Konturen und verschiedene Lichtverhältnisse wahrnehmen kann. Für die erste Person sind «Hören» und «Tasten» sehr wichtig – also beispielsweise eine gute Akustik, Blindenleitsysteme, Braille-Schrift etc. Die zweite Person profitiert auch von klaren Kontrasten. Um bei der barrierefreien Gestaltung möglichst vielen Menschen mit Sinneseinschränkungen das Leben zu erleichtern, gibt es den Standard des sogenannten Zwei-Sinne-Prinzips, bei dem zwei sich ergänzende Sinne angesprochen werden. Leuchtet im Aufzug der Druckknopf, um das Stockwerk anzuzeigen, dann brauchen wir ebenso eine Audioansage oder Braille-Schrift. Aber das System ist nicht perfekt, da es auch Menschen mit Mehrfacheinschränkungen gibt.

Auch für Menschen mit sogenannten intellektuellen Einschränkungen und solchen mit psychischen Einschränkungen gibt es wichtige Grundprinzipien im Barrierefreien Bauen. Obwohl die Einschränkungsgruppen wenig miteinander zu tun haben, ähneln sich die zu beachtenden Grundprinzipien: Wichtig für die Orientierung sind klare und einfache Grundrisse eine einheitliche und unterscheidbare Kodierung von Informationselementen sowie die Verwendung von vergleichbaren Bauelementen.

Raúl: Eigentlich profitieren doch alle Menschen gleichermaßen von diesen Anpassungen. Man fährt gedankenverloren im Aufzug und zusätzlich zum Leuchten des Druckknopfs kommt die Audioansage – man verpasst sein Stockwerk nicht. Ein Gebäude ist gut und nachvollziehbar geschnitten und ausgeschildert – man findet sich zurecht.

Barbara Sima-Ruml: Ganz genau. Und gerade ältere Menschen mit Sinnes- und/oder Mobilitätseinschränkungen profitieren in besonderem Maße von einer solchen Gebäudegestaltung.

Raúl: Ich hatte mal eine kuriose Auseinandersetzung mit einem Architekten, als es um die barrierefreie Gestaltung eines neuen Bürogebäudekomplexes ging. Auf jeder Etage sollten sich automatisch öffnende Türen verbaut werden, rollstuhlgerechte Unisextoiletten und noch vieles mehr. Das Gebäude wurde mit einer geräumigen Dachterrasse geplant, die man als Rollstuhlnutzer*in aber nur über eine Rampe hätte erreichen können. Der Architekt hat sich anfangs strikt geweigert, diese zu verbauen. Seine Begründung: Er fände die Rampe hässlich und eine Dachterrasse sei doch ohnehin Luxus. Ich habe manchmal das Gefühl, dass Menschen mit Behinderungen bei Einrichtungen, die nicht absolut lebensnotwendig sind, erst recht nicht mitgedacht werden. So nach dem Motto: Hauptsache, du kannst arbeiten und auf Toilette gehen, aber Dachterrasse, Fitnessstudio, Kino müssen doch eigentlich nicht sein …

Barbara Sima-Ruml: Absurd – Teilhabe muss in allen Bereichen gewährleistet werden. In Österreich wäre ein solcher Vorgang nicht mehr in dieser Form möglich. Seit 2016 gilt das Bundes-Behindertengleichstellungsgesetz (BGStG)[10], das Menschen mit Behinderungen vor Diskriminierung jeglicher Art schützen soll – und zwar mit möglichen Rechtsfolgen bei Nichtbefolgung. In der Vergangenheit hat es in Österreich einige Eklats im Baubereich gegeben, bei denen von den Planer*innen Maßnahmen zur Barrierefreiheit nicht mitgedacht oder sogar gestrichen wurden. Die Bauherr*innen konnten in diesen Fällen Schadensersatz verlangen, falls sie verklagt werden sollten. Das hat sich schnell herumgesprochen und seitdem kommen solche Praktiken in der Gebäudeplanung kaum noch vor.

Raúl: Das erinnert mich an den Americans with Disabilites Act (ADA) in den USA, der bundesweit sehr klare Regeln für den Diskriminierungsschutz festlegt. Es werden nicht nur staatliche Institutionen in die Pflicht genommen, sondern auch private Einrichtungen wie Arztpraxen, Hotels, Sportstadien, Kinos etc. Wer die Vorgaben zur Barrierefreiheit nicht einhält, kann sehr einfach verklagt werden und muss mit hohen Geldstrafen rechnen. Geht eure österreichische Lösung auch in diese Richtung?

Barbara Sima-Ruml: Grundsätzlich ja, aber unser Gesetz erreicht bei Weitem nicht die gleichen Effekte wie in den USA, die in Sachen Barrierefreiheit auf einem ganz anderen Level sind. Eine Schwierigkeit des BGStG ist, dass du als behinderte Person keinen Rechtsanspruch auf Barrierefreiheit hast. Stattdessen hast du einen Rechtsanspruch, nicht diskriminiert zu werden. Es geht also nicht um das Objekt (zum Beispiel ein Kaffeehaus), sondern um das Subjekt (die Person mit Behinderung). Du musst erst einmal nachweisen, dass du durch fehlende Barrierefreiheit diskriminiert wurdest. Juristisch ist das ein großer Unterschied.

Raúl: Angenommen, ich fühle mich durch bestimmte Bauweisen in Österreich diskriminiert. Welche rechtlichen Möglichkeiten habe ich?

Barbara Sima-Ruml: Der erste Schritt ist ein Schlichtungsverfahren, bei dem man sich mit den Verursachenden außergerichtlich einigen kann. Hier werden durch Mediator*innen Lösungen vermittelt oder es wird Schadenersatz vereinbart. Wenn dieses Verfahren nach drei Monaten keine gütige Einigung hervorgebracht hat, steht der Weg einer Zivilrechtsklage offen.[11] Bisher fehlten uns allerdings Präzedenzfälle, da sowohl das Wissen um diese Möglichkeiten als auch der Mut fehlten. Allerdings gab es kürzlich ein rechtsgültiges Urteil, das durch alle Instanzen bestätigt wurde und somit Judikatur bietet. Hans-Jürgen Groß, Vorsitzender eines Behindertenverbandes, hat ein bekanntes Nobelrestaurant verklagt, weil keine barrierefreie Toilette vorhanden war. Groß bekam Recht – ihm wurden 1000 Euro Schadenersatz zugesprochen. Das Gericht formulierte außerdem eindeutig, dass das Fehlen barrierefreier sanitärer Einrichtungen eine mittelbare Diskriminierung darstellte.[12] Das kann richtungsweisend sein und setzt hoffentlich ein Zeichen für künftige Zivilklagen.

Raúl: Und wie wir am Beispiel der USA sehen, haben drohende Klagen einen großen Effekt. Dort war es beispielsweise bereits in den 80er- und 90er-Jahren selbstverständlich, dass alle Gebäude barrierefrei gebaut werden.

Barbara Sima-Ruml: Ja, es gibt in den USA viele Missstände, aber in Sachen Barrierefreiheit können wir von dem Land lernen. Dort gibt es auch klare bauliche Vorgaben, die ohne Wenn und Aber umgesetzt werden. Sowohl in Österreich als auch in Deutschland haben wir viele Gesetze, die zwar Ansprüche für Barrierefreiheit formulieren, aber gleichzeitig die Umsetzung in vielen «Ausnahmefällen» fakultativ machen oder Aufschubfristen gewähren. Hier würde ich eine stärkere Regulierung und Verpflichtung begrüßen.

Raúl: Gegen solche starken Regulierungen wird häufig das Kostenargument ins Spiel gebracht. Gibt es Mehrkosten für Barrierefreiheit?

Barbara Sima-Ruml: Es gibt Preisaufschläge – natürlich kostet es mehr, einen Neubau mit Aufzug und Blindenleitsystem zu bauen als ohne. Und viele Bauunternehmen lassen sich das Label «Barrierefreies Bauen» noch extra bezahlen. Doch viele Grundlagen des Barrierefreien Bauens sind vollkommen kostenneutral. Es gibt beispielsweise das Konzept des Anpassbaren Wohnbaus[13], das ursprünglich aus der Schweiz stammt. Die Grundidee ist, dass durch eine bestimmte Raumplanung die bauliche Anpassung eines Gebäudes an barrierefreie Standards sehr einfach und kostengünstig durchführbar ist. Dabei müssen einfache Regeln befolgt werden: keine überflüssigen Stufen oder Erhöhungen, ausreichende Durchgangsbreiten und ausreichende Bewegungsflächen zum Beispiel. Bei uns in der Steiermark gilt seit 1996 die Pflicht, geförderten Wohnungsbau auf diese Weise zu planen. Mittlerweile wäre der Aufwand höher, nicht-barrierefreie Konzepte zu entwickeln, als auf diese etablierten Standards zurückzugreifen.

Raúl: Diese Konzepte zu adaptieren, erscheint mir nicht nur sinnvoll, sondern notwendig! Gerade wenn man bedenkt, dass durch die alternde Gesellschaft viele Wohnungen noch zusätzlich nachgerüstet werden müssen. In Deutschland gibt es allerdings noch sehr viele Altbauten, deren Nachrüstung sicher sehr teuer ist.

Barbara Sima-Ruml: Ohne Frage ist der initiale planerische, bauliche und finanzielle Aufwand hoch. Trotzdem ist die Sanierung alternativlos, denn es geht um die gleichberechtigte Teilhabe von behinderten Menschen am gesellschaftlichen Leben.

Barrierefreiheit ist ein Menschenrecht. Statt sich gegen eine Anpassung zu sträuben, sollten wir unsere Energie dafür aufwenden, kreative Lösungen zu finden.

Raúl: Kann uns die Technik dabei helfen? Ich erinnere mich an einen Besuch in Tokio vor einigen Jahren, der mich schwer beeindruckt hat. Die Stadt hat vier U-Bahn-Systeme, die alle barrierefrei sind. Züge dort sind so geräuscharm, dass man in den Bahnhöfen sogar schlafen kann – was nicht nur den Millionen Pendler*innen dort zugutekommt, sondern auch Menschen mit Behinderungen, die beispielsweise Ansagen besser verstehen können. Ich bin dort an einem denkmalgeschützten alten Bahnhof ausgestiegen und wurde von einer Hightech-Rolltreppe überrascht, deren Stufen sich per Knopfdruck zu einer Plattform für meinen Rollstuhl umformen ließen.[14] Ich habe mich natürlich sofort gefragt: Warum haben wir so etwas in Europa nicht? Der Hersteller der Rolltreppe war meines Wissens sogar Thyssenkrupp, also eine deutsche Firma.

Barbara Sima-Ruml: Ich kenne diese technischen Lösungen gut – und die Japaner*innen sind dafür bekannt, einen großen Innovationsdrang zu haben. In Europa ist es allerdings im speziellen Falle des Plattformlifts fast unmöglich, eine Zulassung zu erhalten. Die Absturzgefahr wird als zu hoch eingeschätzt. Gerade weil wir so viele Sicherheitsvorgaben, Brandschutzrichtlinien etc. haben, muss zu technischem Fortschritt auch eine kluge und weitsichtige Planung hinzukommen. Ein Beispiel: In vielen Altbauten sind die Treppenhäuser sehr eng verbaut, darum wurden Aufzüge oft außen angebracht. Es gibt aber auch die Möglichkeit, die Treppen nach außen zu verlegen und die Aufzugsanlage im ehemaligen Treppenhaus zu installieren. Das ist brandschutztechnisch sogar wünschenswert, weil dann das Treppenhaus im Brandfall vom Rest des Gebäudes abgekoppelt ist.

Ich finde die Entwicklung neuer Bautechnik aber auch aus einem anderen Grund wichtig: Sie ist ein lukratives Geschäftsmodell für Bauhersteller. Wenn Barrierefreies Bauen bei den Anbietern Konjunktur hat, wenn diese immer neue Lösungen entwickeln, die bestehende Probleme lösen, dann wird das die Barrierefreiheit langfristig erhöhen.

Raúl: Das ist ein interessanter Punkt – den Kapitalismus für Fortschritt nutzen. Ich habe in einem Artikel gelesen, dass im Einzelhandel – beispielsweise bei Drogerieketten – jede einzelne Stufe den Umsatz des Geschäfts um bis zu 10 Prozent senken kann.[15] Die Leute scheinen also kauffreudiger, wenn die Geschäfte barrierefrei sind – das würde auch das Mehrkostenargument teilweise entkräften. Ich bin trotzdem zurückhaltend, solche Statistiken für Barrierefreiheit ins Feld zu führen – denn wenn sich die Prognosen nicht bewahrheiten, könnte sich der Wind auch schnell drehen.

Barbara Sima-Ruml: Diese Gefahr gibt es, aber ich glaube, man kann solche Statistiken auch für Barrierefreiheit nutzen, ohne auf ein rein kapitalistisches Argument festgelegt zu sein. Dein Beispiel zeigt doch auch: Barrierefreie Architektur bietet für *alle* Menschen einen riesigen Mehrwert. Wenn weniger Barrieren im Gebäude vorhanden sind, kann ich mich besser darin bewegen und fühle mich wohler. Ein Aufzug hilft nicht nur Menschen mit Mobilitätseinschränkungen, sondern auch der Familie, die ihren Wocheneinkauf samt Kinderwagen in ihre Wohnung im 6. Stock kriegen muss. Eine klare Grundrissstruktur hilft nicht nur Menschen mit Sinneseinschränkungen oder sogenannten intellektuellen Einschränkungen, sondern jede*r profitiert davon, sich ohne großes Kopfzerbrechen zurechtzufinden. Diese Liste könnte man noch endlos fortsetzen.

Raúl: Warum kommen wir dann trotzdem so schleppend voran?

Barbara Sima-Ruml: Der größte Hinderungsgrund für Barrierefreiheit lässt sich meiner Ansicht nach auf ein strukturelles Problem zurückführen. Die Menschen, die auf Entscheidungspositionen sitzen oder nachrücken – meistens im Altersbereich 40–55 Jahre – haben in ihrem Leben oft nur minimalen Kontakt mit behinderten Menschen gehabt. Sie haben behinderte Menschen in Sonderräumen wahrgenommen, also in Förderschulen, Heimen, Werkstätten und so weiter. Diese Entwicklung können wir nicht rückgängig machen. Aber wir können dafür sorgen, dass sie sich nicht fortsetzt und wiederholt, indem wir diese Sonderräume abschaffen und die Teilhabe behinderter Menschen selbstverständlich machen. Was Barrierefreies Bauen angeht, können wir aufklären, wir können mit Argumenten zeigen, dass es eine logische Vorgehensweise für alle ist. Durch die alternde Gesellschaft wird es immer mehr Menschen geben, deren Wohnraum angepasst werden muss. Gerade was altersbedingte Sinneseinschränkungen angeht, ist barrierefreies Bauen eine große gesellschaftliche Erleichterung. Und beim derzeitigen Pflegenotstand können wir uns nicht mehr darauf verlassen, dass Pflegekräfte alten Menschen in nicht-barrierefreien Gebäuden die Treppen hochhelfen, die Türen aufmachen etc. Wenn wir jetzt konsequent den Anpassbaren Wohnbau in der Planung berücksichtigen, wenn wir kluge Investitionen für die Sanierung von Altbauten tätigen und innovative Lösungen fördern, dann muss Barrierefreiheit in der Architektur keine Zukunftsmusik sein.

Eine Frage der Kommunikation

Barrierefreiheit herzustellen, heißt nicht nur, zusätzliche Rampen zu bauen und Aufzüge zu installieren. Die Reduzierung von Barrierefreiheit auf das Mobilitätsthema ist weitverbreitet – aber es gibt noch so viel mehr wichtige Bereiche. Wenn es um barrierefreie Kommunikation geht, müssen neurodivergente Perspektiven mit einbezogen werden, beispielsweise sprachunterstützende Bildkarten, Sprachausgabe am Handy (oder Talker) oder andere Möglichkeiten, mutistische Personen einzubeziehen. Ebenso die Erklärung über die unterschiedlichen Kommunikationsebenen, die über die reine Sachebene hinausgehen. Ich möchte in diesem Kapitel meinen Blick weiten und exemplarisch auf einen unterrepräsentierten Bereich werfen: die barrierefreie Kommunikation.

Kommunikationsbarrieren können beispielsweise in Bezug auf die Sinnesorgane der Kommunizierenden bestehen. Wer nur eingeschränkt oder gar nicht sehen kann, ist auf Audiodeskriptionen, besondere Schriftgestaltung oder Braille-Schrift angewiesen, um bestimmte Sachverhalte mitzukriegen oder sich informieren zu können. Wer eingeschränkt hört, benutzt vielleicht Gebärdensprache, um mit anderen in Kontakt zu treten und sich auszudrücken. All das sind sehr wichtige Voraussetzungen, damit alle gleichberechtigt miteinander kommunizieren können, wobei gleichberechtigt heißt: Keine Kommunikationsform ist der anderen überlegen oder sollte priorisiert werden. Alle müssen verstehen und verstanden werden.

Verständlichkeit ist aber ein wesentlicher Faktor für soziale und politische Teilhabe. In diesem Kontext finde ich einen weiteren zentralen Baustein der barrierefreien Kommunikation unheimlich wichtig: die «Leichte Sprache». Texte stellen bestimmte Anforderungen an die Leser*innen, die zu Barrieren werden können – beispielsweise, wenn die Sprache zu schwer und abstrakt ist, wenn der Text nicht gut aufgebaut ist oder Informationen verwirrend präsentiert werden.

In dem folgenden Interview spreche ich mit der Autorin und Übersetzerin Andrea Lauer über Grundlagen der Einfachen und der Leichten Sprache, anschließend erklären mir die Selbst-Vertreter*innen Cordula Schürmann und Nina Rogge-Strang, was Leichte Sprache für sie bedeutet.

Die Vorteile Einfacher Sprache – **Andrea Lauer**

ANDREA LAUER[16] ist Autorin von Romanen in Einfacher Sprache. Außerdem hilft sie Unternehmen, Vereinen und öffentlichen Stellen dabei, ihre Kommunikation barrierefreier zu machen: Sie prüft Webseiten und übersetzt Texte in Einfache oder Leichte Sprache.

Raúl: Liebe Andrea, wenn es um barrierefreie Kommunikation geht, dann spielen immer auch zwei Begriffe eine Rolle: ‹Einfache Sprache› und ‹Leichte Sprache›. Was ist der Unterschied und welche Regeln sollte man beachten?

Andrea Lauer: Die Leichte Sprache kommt aus der People-First-Bewegung. Menschen mit Lernbehinderungen haben sich für eine verständlichere Sprache eingesetzt. Für Leichte Sprache gibt es genau festgelegte Regeln. Sätze sollen kurz sein. Es sollten möglichst einfache Hauptsätze sein. Sie sollten nicht mehr als sieben Wörter enthalten. Fremdwörter sollen vermieden werden. Keine langen Schachtelsätze mit vielen Kommas.[17] Die Schrift sollte serifenfrei und größer sein. Schriftgröße 14 wird bevorzugt genutzt. Auch der Zeilenabstand sollte größer sein. Bilder unterstützen den Text. Das Wichtigste aber ist, dass Leichte-Sprache-Texte immer von Menschen mit Lern- und Leseschwierigkeiten geprüft werden müssen.

Einfache Sprache ist eine verwaschene Form der Leichten Sprache. Man kann sich mehr Freiheiten nehmen und trotzdem erreicht man auch viele Menschen, denen das Lesen aus verschiedenen Gründen schwerfällt. Wenn ich in Einfacher Sprache schreibe, dann versuche ich, möglichst nah an den Regeln der Leichten Sprache zu bleiben, und ich lasse auch diese Texte prüfen. Ich sehe Einfache Sprache in gewisser Weise als Brücke zwischen unserer Allgemeinsprache und der Leichten Sprache.

Raúl: Ich habe neulich von einem Testlabor für Barrierefreiheit in München gelesen.[18] Dort prüfen behinderte Menschen Alltagsgegenstände auf ihre Tauglichkeit. Du hast schon angesprochen, dass dieser Prozess auch bei der Leichten Sprache eine wichtige Rolle spielt.

Andrea Lauer: Bei Übersetzungen muss grundsätzlich immer mit Prüfer*innen zusammengearbeitet werden. Sie geben Rückmeldung, ob die Texte tatsächlich verständlich sind, und werden selbstverständlich auch dafür bezahlt.

Raúl: Ich habe bei Texten in Leichter Sprache bemerkt, dass oft unterstützende Illustrationen zugefügt werden.

Andrea Lauer: Die People-First-Bewegung hat festgelegt, dass Bilder für eine Verständlichkeit notwendig sind. Für viele Menschen sind die Bilder zum Textverständnis sehr wichtig, besonders bei Sachtexten. Bilder können auch als Ausruhinseln genutzt werden, wenn die Konzentration auf den Text zu anstrengend wird. Es gibt Datenbanken mit Bildmaterial, auf die Übersetzer*innen zugreifen können.

Raúl: Sind Bilder aus solchen Datenbanken denn genau genug? Kann es da nicht auch zu Missverständnissen kommen? Nehmen wir zum Beispiel einen Text über Schule, der mit einer Illustration eines Schulgebäudes versehen wird. Auf dem Schulgebäude sieht man aber auch eine große Uhr, sodass man denken könnte, es ginge hier um die Uhrzeit.

Andrea Lauer: Es gibt ja auch immer noch die Schrift, also den Text zum Bild, und die Prüfer*innen achten auf die Verständlichkeit der Verbindung zwischen Text und Bild. Bei Unklarheiten beauftrage ich zusätzlich Illustrator*innen, um individuelle Bilder zu erstellen. Die Datenbanken werden mit der Zeit aber immer voller und besser. Aber wenn man in Leichter und Einfacher Sprache schreibt, muss man seine Methoden ständig verbessern. Die Hauptfrage ist: Wie transportiert man Inhalte gut und verständlich? Deshalb ist die Prüfung auch so wichtig.

Raúl: Du übersetzt und verfasst nicht nur Sachtexte, sondern schreibst auch Romane in Leichter bzw. Einfacher Sprache. Beim literarischen Schreiben geht es nicht nur um Wissensvermittlung – kann Einfache Sprache auch schöne Sprache sein?

Andrea Lauer: Man braucht keine schweren Wörter, um Menschen zu berühren. Kurze Sätze bringen auch eine ganz andere Form der Spannung. Ich muss mir als Autorin für Einfache Sprache genau überlegen: Was möchte ich sagen, welches Gefühl möchte ich zum Ausdruck bringen? Ich kann nicht schwafeln. Beim literarischen Schreiben lege ich (wie sicher alle anderen Autor*innen auch) besonders darauf Wert, schöne Wörter zu finden. Die Herausforderung ist es, schöne Wörter zu finden, die auch verständlich sind. Manchmal entscheide ich mich für die Verständlichkeit, aber ganz manchmal entscheide ich mich auch für die subjektive Schönheit des Wortes. Meine Leser*innen schätzen meinen Schreibstil. Sie erkennen ihn wieder. Ich kriege beispielsweise von meiner Zielgruppe oft die Rückmeldung, dass meine Texte eine bestimmte Melodie hätten. Das ist für mich das größte Lob. Eine Rezensentin mit Trisomie 21 schrieb zu meinem Roman *Olga und Marie*, dass er eine «schöne lesbische Sprache» habe. Leider wird Einfache Sprache als Stilmittel im literarischen Schreiben bisher kaum wahrgenommen und beachtet. Ich versuche, so zu schreiben, dass Menschen mit Lese- oder Lernschwierigkeiten alles verstehen. Aber meine Texte sollen für alle Menschen einen Mehrwert bieten.

Raúl: Ich habe das Gefühl, dass sich in den letzten Jahren durchaus ein gewisses Bewusstsein für barrierefreie Texte und Webseiten gebildet hat. Gleichzeitig beobachte ich, dass oft nur von der Wand zur Tapete gedacht wird. Problematisch finde ich beispielsweise, dass viele Plattformen bestimmte Inhalte zwar in Einfacher oder Leichter Sprache anbieten, aber das Nutzungserlebnis insgesamt überhaupt nicht zielgruppengerecht ist. Ein Downloadlink mit einem PDF in Einfacher Sprache, der unter (komplizierten) Inhalten versteckt ist, bringt wenig. Denn selbst wenn man ihn findet, stellt der Zusatzschritt eine weitere Barriere dar.

Andrea Lauer: Die Gestaltung vieler Webseiten oder Apps ist in der Tat ein großes Problem. Ich nehme an, dass es daher kommt, dass wir uns nicht in die Menschen reinfühlen, nicht genau wissen, was wichtig ist, und es machen, weil man das eben so macht. Aber es geht auch anders: Ich habe kürzlich mit dem Verein «Eltern beraten Eltern» zusammengearbeitet, die ihre

Webseite[19] neu aufgesetzt haben. Der Verein hat sich dafür entschieden, die komplette Seite in Einfacher Sprache zu gestalten. Die Inhalte werden übersichtlich präsentiert. Texte werden mit Bildern unterstützt. Die Sprache ist einfach, aber schreckt Menschen nicht ab, die Allgemeinsprache gewöhnt sind. Zusätzlich gibt es die Option, durch Anklicken eines Buttons die gesamte Seite in Leichter Sprache anzuschauen.

Raúl: Wirklich die gesamte Seite? Also alle Inhalte inklusive Blogbeiträgen etc.?

Andrea Lauer: In diesem Falle schon. Dieser Punkt ist mir sehr wichtig: Wenn ich als Übersetzerin gebucht werde, dann entscheide ich nicht, welche Inhalte die Zielgruppe lesen sollte oder nicht. Das Ziel muss immer sein, den kompletten Seiteninhalt verfügbar zu machen.

Raúl: Den Anspruch finde ich super, aber das klingt sehr aufwendig und teuer.

Andrea Lauer: Die Finanzierung ist dann leicht machbar, wenn sich die Erarbeiter*innen der Inhalte vorher schon mit den Themen Übersichtlichkeit und verständliche Sprache auseinandergesetzt haben. Dadurch wird nicht nur meine Arbeit als Übersetzerin viel weniger zeitaufwendig, sondern die Webseiten werden einfacher und nutzendenfreundlicher. Davon profitieren alle Menschen – egal ob sie beispielsweise Lernschwierigkeiten haben oder nicht.

Ganz generell fände ich einen Perspektivwechsel sinnvoll. Wenn ich als Rollstuhlfahrerin ein Museum besuchen möchte, dann bin ich darauf angewiesen, dass es eine Rampe gibt und nicht nur Treppenstufen. Menschen ohne Behinderung können ebenso über diese Rampe ins Museum gelangen, die Rampe eröffnet also mehr Menschen den Zugang. Genauso ist es auch bei den Themen Einfache und Leichte Sprache. Der Goldstandard sollte aus meiner Sicht sein: Webseiten und Texte werden in gut verständlicher, einfacher Sprache präsentiert, und es gibt zusätzlich eine Version in Leichter Sprache.

Raúl: Manchmal habe ich das Gefühl, dass die Leichte Sprache auch Grenzen hat.

Andrea Lauer: Wenn es auf der Textebene zu abstrakt wird, dann ist es schwierig, dies in Leichte Sprache zu übersetzen. Dann muss man sich Hilfe holen. Doch gerade bei Verwaltungsangelegenheiten und Gesetzestexten fände ich es umso wichtiger, dass sie verständlicher werden. Zumindest die Grundlagen müssen klar sein. Nur wenn ich meine Rechte kenne und verstehe, kann ich sie auch wahrnehmen. In meinen Augen sind schwierige Texte in diesem Bereich eine Hierarchisierung: Es scheint gar nicht gewollt, dass alle alles verstehen.

Raúl: Für öffentliche Träger wurde im Behindertengleichstellungsgesetz (BGG)[20] festgelegt, dass eine Kommunikation mit Leichter Sprache angestrebt ist. Erläuterungen für Bescheide können von Berechtigten «je nach individuellem Bedarf» verlangt werden. Klingt für mich erstens sehr bürokratisch und zweitens noch sehr schwammig. Und auch hier haben wir wieder das Problem, dass Einfache Sprache nicht durchweg verpflichtend ist, sondern nur auf Nachfrage geboten werden muss.

Andrea Lauer: Ich würde sehr begrüßen, wenn Einfache Sprache in diesen Bereichen zum Standard werden würde. Ich habe kürzlich eine sehr positive Erfahrung mit einem Antrag meiner Krankenkasse gemacht. Das Schreiben war komplett in Einfacher Sprache gestaltet. Darin stand ganz genau, was die nächsten Schritte sind, welche Informationen ich bis wann liefern muss und so weiter. Barrierefreiheit nützt uns allen.

Raúl: Ich finde, auch die Privatwirtschaft sollte in die Pflicht genommen werden. Auf juristischer Ebene tat sich in diesem Bereich lange Zeit nichts. Für 2025 ist nun das «Barrierefreiheitsstärkungsgesetz» angekündigt, das sich vor allem auf die Herstellung digitaler Barrierefreiheit konzentriert. Demnach müssen viele Kennzeichnungen in einer Sprache erfolgen, die einfach zu verstehen ist. Aber auch hier wird es wieder Ausnahmeregelungen geben. Kleine und mittlere Unternehmen dürfen etwa keinem «übermäßigen Aufwand» durch die neuen Regelungen unterliegen. Wie können wir die Privatwirtschaft abseits von Gesetzen dazu bewegen, barrierefreier zu kommunizieren?

Andrea Lauer: Wir müssen erstens die Vorzüge der Barrierefreiheit vermitteln. Auch und gerade die Wirtschaft freut sich darüber, wenn sie eine breitere Masse erreicht. Zweitens müssen wir klarmachen, dass eine barrierefreie Webseite in der Neuerstellung nicht unbedingt teurer ist. Drittens muss beispielsweise die Verwendung Einfacher Sprache selbstverständlich werden. Um dahin zu kommen, brauchen wir gerade in der Privatwirtschaft Vorreiter, die sich aus meiner Sicht dann auch ruhig werbewirksam damit rühmen sollen. Fortschritt ist Fortschritt.

«Ihr könntet es doch so viel einfacher haben» –
Nina Rogge-Strang und
Cordula Schürmann

NINA ROGGE-STRANG bloggt in Leichter Sprache.[21] Sie schreibt und liest auch gerne Geschichten. Nina arbeitet als Hauswirtschafterin in Berlin. Manchmal ist sie Prüferin für Leichte Sprache.

CORDULA SCHÜRMANN bloggt ebenfalls in Leichter Sprache. Sie übersetzt Texte in Leichte Sprache und prüft Webseiten bei einer Firma in Berlin.

Raúl: Liebe Nina, liebe Cordula, ihr schreibt Texte in Leichter Sprache. Ich möchte gerne mehr über Leichte Sprache erfahren. Was findet ihr gut an Leichter Sprache und worauf muss man achten?

Nina Rogge-Strang: Ich schreibe gerne in Leichter Sprache. Denn das können alle verstehen.

Cordula Schürmann: Es dürfen nicht zu schwere Wörter im Text vorkommen. Es gibt auch Regeln für die Schriftgröße und den Zeilenabstand. Man muss alles gut lesen können. Ich stelle mir beim Schreiben oft vor, dass ich einem Freund etwas ganz genau erkläre. Dann wird es nicht zu kompliziert.

Raúl: Worüber schreibt ihr auf dem Blog?

Nina Rogge-Strang: Ich schreibe zum Beispiel über die Special Olympics. Darüber weiß ich besonders viel, denn mein Freund ist Pressesprecher für die Special Olympics international. Die finden 2023 in Berlin statt. 2022 war ich auf der Eröffnungsfeier[22] und habe darüber geschrieben. Und ich habe ein Interview mit einem Tennisspieler[23] geführt. Zum Abschluss war ich in der Athletendisco.[24]

Cordula Schürmann: Ich schreibe auf dem Blog gerne Buchbesprechungen. Aber auch Fanfiction und eigene Geschichten. Am liebsten schreibe ich Tagebuch aus Sicht meiner Katze[25].

Raúl: Lest ihr auch gerne Bücher oder Zeitung?

Cordula Schürmann: Thriller und Krimis! Es gibt auch Verlage mit Büchern in Leichter Sprache. Zum Beispiel den Spaß am Lesen Verlag[26].

Nina Rogge-Strang: Krimis sind nichts für mich. Das machen meine Nerven nicht mit. Ich lese lieber Liebesgeschichten. Und Zeitung. Da gibt es die Zeitung *Klar und deutlich*[27], in der Nachrichten und Artikel veröffentlicht werden. Zuletzt stand etwas über die Corona-Impfung drin.

Cordula Schürmann: Manchmal lese ich auch in Alltagssprache. Wenn es zu kompliziert wird, muss ich aufhören oder meinen Betreuer fragen. Oft verstehe ich aber das meiste. Auch im Fernsehen. Wenn ich mir dort etwas anschaue, dann gute Wissenssendungen wie Galileo oder Logo.

Raúl: Ihr schreibt und lest viel in Leichter Sprache. Ihr könnt das gut. Ihr seid also Expertinnen. Lasst ihr trotzdem noch mal jemand anderen über die Blog-Texte gucken?

Cordula Schürmann: Ja, wir schicken die Texte in der Bloggergruppe rum. Manchmal sagt jemand: Das Wort verstehe ich gar nicht. Dann ändern wir es noch mal oder erklären es.

Nina Rogge-Strang: Wir sind selbst ja auch Prüferinnen für Internetseiten oder Bücher. Deshalb wissen wir, worauf es ankommt.

Raúl: Ich ärgere mich, wenn Webseiten nur bestimmte Informationen in Leichter Sprache anbieten. Kommt das häufig vor?

Cordula Schürmann: Oft gibt es so viele Informationen in Alltagssprache auf einer Webseite. Für Leichte Sprache dann aber nur einen kleinen Teil. Meist steht auf Webseiten nur, wer die Leute sind und was sie machen. Ich habe dann das Gefühl, dass ich gar nicht alles mitkriege. Das finde ich doof. Diese Menschen geben sich so viel Mühe, ihre Texte besonders lang und kompliziert zu schreiben. Ich denke dann: «Ihr könntet es doch so viel einfacher haben.»

Raúl: Habt ihr das Gefühl, dass ihr bei eurer Arbeit ernst genommen werdet? Hört man auf eure Rückmeldungen?

Nina Rogge-Strang: Ja, denn ich bin die beste Prüferin! Ich gebe immer 100 Prozent. Besser noch 300 Prozent. Ich habe Ziele und weiß, was ich will. Ich will Journalistin werden und über Politik und Liebe schreiben.

Cordula Schürmann: Ich glaube schon, dass mehr Menschen von Leichter Sprache etwas gehört haben und etwas ändern wollen. Aber viele denken: Wir lassen jetzt diesen kleinen Teil übersetzen und dann reicht das. Ich will aber alle Informationen haben. Alles soll für alle offen zugänglich sein.

Wege in eine barrierefreie Welt

Barrierefreiheit ist ein zentrales Grundrecht und nützt allen Menschen gleichermaßen. Für Menschen mit Behinderungen ist ohne sie die gleichberechtigte Teilhabe nicht möglich. Um eine Welt frei von Barrieren zu realisieren, müssen wir wegkommen von eingeschränkt wirksamen Gesetzen und halbherzigem Commitment. Hier einige Ansätze aus diesem Kapitel:

- Barrierefreiheit hat viele Facetten: Wenn wir Zugang für alle schaffen wollen, dann muss dieser Zugang auch vielfältig gedacht werden. Wir sollten unsere Perspektive nicht auf technische und materielle Barrierefreiheit beschränken, sondern zum Beispiel auch personelle Barrierefreiheit immer wieder thematisieren und für sie einstehen.
- Wir brauchen klare und einheitliche Richtlinien für Barrierefreiheit, die verbindlich umgesetzt werden müssen – und zwar nicht nur im öffentlichen, sondern auch im privaten Sektor. Die Verpflichtung zur Barrierefreiheit sollte mindestens so stark sein wie beispielsweise die Regelungen im Brandschutz.
- Verstöße gegen die Barrierefreiheit sollten stärker sanktioniert werden – zum Beispiel durch die Möglichkeit von niedrigschwelligen Schlichtungsverfahren oder effektiven Zivilklagen. Wie das funktionieren kann, zeigen Modelle in den USA oder Österreich.
- Kluge Konzepte wie das des «Anpassbaren Wohnbaus» sollten zum Standard werden – barrierefreie Architektur hat einen großen Mehrwert für alle und ist kostenneutral umsetzbar.
- Auch der Zugang zu Informationen muss barrierefreier werden. Dafür brauchen wir ein stärkeres Bewusstsein für bar-

rierefreie Kommunikationsformen wie Gebärdensprache, Braille-Schrift sowie Einfache und Leichte Sprache.

- Ob Barrieren bestehen oder nicht, sollte immer auch von den Menschen mitbeurteilt werden, die diese Barrieren betreffen.

Schule *all-inclusive*?

Raul Krauthausen @raulde

«Schon als Kind hatte ich viel Kontakt zu Kindern ohne Behinderung. Mich hat das immer inspiriert, wie viel Lebensfreude sie hatten. Seitdem ist es für mich normal, dass es auch Nichtbehinderte gibt.»

Wenn ich an meine Kindheit und Jugend zurückdenke, dann bin ich dankbar dafür, dass ich in Bildungseinrichtungen groß geworden bin, in denen behinderte und nichtbehinderte Kinder gemeinsam betreut und unterrichtet wurden. Meine Grundschulzeit habe ich an der Fläming-Grundschule[1] in Berlin verbracht, die damals eine Vorreiterschule für «integratives Lernen» war. An der Schule wurden die bunt durchgemixten Klassen standardmäßig von zwei Pädagog*innen betreut, die so auch auf die individuellen Bedürfnisse der Kinder eingehen konnten. Ich kann mich noch gut daran erinnern, dass eine meiner Klassenkamerad*innen, der eine geistige Behinderung zugeschrieben wurde, geäußert hat, dass sie auch endlich schreiben lernen will wie alle anderen. Das war ein großer Schritt, weil sie sich mit diesem Wunsch einem möglichen Scheitern aussetzte. Am Ende des Schuljahres konnte sie ihren Namen schreiben, und die ganze Klassengemeinschaft war stolz auf ihre Leistung. Alle Kinder auf dieser Schule hatten Glück, solche Momente gemeinsam erleben zu können – denn vor 30 Jahren war das alles andere als selbstverständlich. Kinder mit Behinderungen wurden fast automatisch auf eine Sonderschule geschickt. Auch bei mir war es Zufall, dass sich in unserem Einzugsgebiet Schulen befanden, die inklusiv ausgerichtet waren. Dabei war die Ausstattung der Fläming-Grundschule in Sachen Barrierefreiheit alles andere als perfekt: Es gab beispielsweise keinen Aufzug, sondern nur einen sehr gemächlich vorankommenden Treppenlift. Zu manchen Unterrichtsstunden haben andere Kinder meinen Rollstuhl die Treppe hochgetragen. Trotz dieser Einschränkungen hatte ich das Gefühl, dass meine Schule für alle war. Meine gesamte Klasse wechselte später auf die Sophie-Scholl-Gesamtschule, die ebenfalls ein integratives Konzept verfolgte.

Ich ging also in einem Umfeld zur Schule, in dem eine vielfältige Klassengemeinschaft ganz selbstverständlich und normal war. Dabei war ich mit meinem Rollstuhl zwar immer noch außergewöhnlich, aber ich fühlte mich als Teil der Gemeinschaft. Man sollte meinen, dass wir in Deutschland nach 30 Jahren auf solchen Konzepten aufgebaut und sie weiterentwickelt hätten – und es gibt sicher auch viele Schulen, die engagiert inklusive Konzepte verfolgen. Aber es gibt eben auch viele Schulen, an denen Inklusion bis heute ein Fremdwort ist – und damit meine ich nicht nur Förderschulen, zu denen wir gleich noch kommen werden.

Vor einigen Jahren war ich als Gast zur Eröffnung einer sogenannten Inklusionsschule eingeladen. Als ich dort ankam, staunte ich nicht schlecht, denn ich traf in dieser Einrichtung nur Kinder mit Behinderungen. Ich wollte dann von der Schulleiterin wissen, inwiefern die Schule ein inklusives Konzept verfolge. Sie erwiderte, dass hier ja Kinder mit verschiedenen Behinderungen unterrichtet würden. Diese Aussage schockierte mich, denn sie zeigte mir, wie alarmierend die gegenwärtige

Situation ist: Hier machte mir die Schulleiterin einer angeblich inklusiven Schule unmissverständlich klar, dass das Konzept «Schule für alle» auch heute noch nicht verstanden wird, dass auch heute noch veraltete Denkweisen vorherrschen und sich selbst erhalten.

Wenn wir diese Denkweisen herausfordern und neue Wege finden wollen, dann müssen wir als Erstes verstehen, warum die Forderung nach inklusiver Bildung so zentral ist.

Bildungsstandort Deutschland zwischen Inklusion und Exklusion

Hinter der Idee der «Schule für alle» steht das Recht eines jeden Menschen auf gleichberechtigten Zugang zu Bildung. Die UN-Behindertenrechtskonvention greift entsprechende Formulierungen aus der Allgemeinen Erklärung der Menschenrechte[2] sowie der UN-Kinderrechtskonvention[3] auf. Dabei wird festgelegt, dass «Menschen mit Behinderung nicht vom allgemeinen Bildungssystem ausgeschlossen werden» dürfen und einen «gleichberechtigten Zugang zu einem integrativen, hochwertigen und unentgeltlichen Unterricht an Grundschulen und weiterführenden Schulen haben» müssen.[4]

Vielleicht fragen Sie sich beim Lesen an dieser Stelle, warum in den letzten Absätzen mehrmals von einem «integrativen» und nicht von einem «inklusiven» Schulsystem die Rede war. Tatsächlich gibt es eine grundsätzliche Kritik an der deutschen Fassung der UN-BRK, denn diese übersetzt das englische «*inclusive*» mit «integrativ». Viele Betroffene halten das für fehlerhaft, weshalb eine Schattenübersetzung[5] der UN-BRK angefertigt wurde. Nun könnte man das als Wortklauberei abtun, aber mit dieser Unterscheidung legen wir den Finger in eine offene Wunde des deutschen Bildungssystems.[6] Wie wir bereits in Teil I dieses Buches festgestellt haben, sind Integration und Inklusion nicht das Gleiche. Auf den Bereich Schule angewendet, hieße Integration, dass behinderte Kinder in ein bereits existierendes Schulsystem aufgenommen werden und sich anpassen müssen. Inklusion zielt aber auf die Schaffung eines neuen Systems ab, das niemanden ausgrenzt oder stigmatisiert. Schauen wir uns im folgenden Absatz kurz an, wie das momentane Bildungskonstrukt in Deutschland aussieht und warum es nicht als inklusiv bezeichnet werden kann.

In Deutschland gibt es ein historisch gewachsenes Schulsystem, das zwischen verschiedenen Schulformen unterscheidet: Es gibt ein Regelschulsystem (aufgeteilt in Grundschule, Hauptschule, Realschule – beide werden teilweise zu sogenannten «Regelschulen» zusammengefasst – und Gymnasium) und ein sogenanntes Förderschulsystem – wobei sich die Bezeichnungen aufgrund der Bildungshoheit der Bundesländer unterscheiden und manche noch (wie ich finde treffender) von einem «Sonderschulsystem» reden. Jahrzehntelang galt die Sonderschulpflicht für behinderte Kinder, die auf dem Reichsschulpflichtgesetz von 1938 basierte. Erst ab den 1970er- und 1980er-Jahren gab es überhaupt erste Versuche, behinderte Kinder an Regelschulen zu unterrichten.

Förderschulen sollen Kinder mit Behinderungen entsprechend eines festgestellten «Förderbedarfs» individuellen Zugang zu Bildung verschaffen. Das Problem dabei ist, dass Förderschulen per Definition exkludierende – also ausgrenzende und isolierende – Institutionen sind. Sie ermöglichen behinderten Kindern eben nicht die «Teilhabe an der Gesellschaft» und die «bestmögliche schulische und soziale Entwicklung», wie die UN-BRK es vorsieht.[7] Das stellte auch der UN-Fachausschuss zur Umsetzung der BRK fest, der sich in seinem ersten Staatenbericht von 2015 besorgt darüber zeigt, dass «der Großteil der Schülerinnen und Schüler mit Behinderungen in dem Bildungssystem des Vertragsstaats gesonderte Förderschulen besucht», und empfiehlt, «das Förderschulsystem abzubauen».[8]

Inklusionsgegner*innen führen als Argument für den Erhalt des bestehenden Förderschulsystems oft an: Mit dem Besuch einer Förderschule würde sichergestellt werden, dass Kinder mit Behinderungen anhand ihrer Bedürfnisse optimal beschult werden. Weiterhin würde die Förderschule einen «geschützten Raum» bieten, in dem behinderte Kinder weniger gemobbt würden und bessere Leistungen erbringen könnten, weil sie sich nicht ständig mit Nichtbehinderten vergleichen müssten.[9] All diese Argumente hat die Bildungsforschung als falsch entlarvt. Es gibt zahlreiche wissenschaftliche Erhebungen, die zeigen, dass Kinder mit Förderbedarf auf Regelschulen mehr lernen, weniger stigmatisiert werden und bessere Chancen für ihre Zukunft haben.[10] Der Erziehungs- und Bildungswissenschaftler Klaus Klemm hat das eindrucksvoll in mehreren Publikationen für die Bertelsmann-Stiftung[11] nachgewiesen. Förderschulen sind für behinderte Menschen Sackgassen, die ihre Bildungsperspektiven und damit auch die Chance auf ein selbstbestimmtes Leben in der Zukunft extrem einschränken: Nur etwa 28 Prozent der Schüler*innen mit Förderbedarf erreichen einen Schulabschluss, wenn sie auf Förderschulen gehen. Besuchen sie Allgemeinschulen, steigt dieser Wert auf 46,6 Prozent.[12] Dr. Brigitte Schumann stellt fest, dass wir in eine «Schonraumfalle» tappen – denn Förderschulen sorgen nicht nur für schlechtere Lernleistungen und Abschlüsse, sondern schaffen auch ein «gewaltbegünstigendes Schulklima».[13] Hinter allen Argumenten der Inklusionsgegner*innen steckt ein grundsätzlicher Denkfehler: Behinderte Menschen sind keine homogene und defizitäre Gruppe. Niemand bestreitet, dass Mobbing an Schulen ein Problem ist – Mobbing muss immer bekämpft werden, egal ob die Betroffenen behindert sind oder nicht. Aber behinderte oder verhaltensauffällige Kinder in Förderschulen auszusondern, schützt nicht die Betroffenen, sondern nur die Mehrheitsgesellschaft, die sich dann nicht mit ihnen auseinandersetzen muss.[14] Besonders eklatant und erschreckend ist, dass diese Aussonderung Kinder aus einkommensschwachen Familien und Kinder von Eltern mit niedrigen Bildungsabschlüssen überproportional oft betrifft.[15] Somit ist die Aussonderung auch eine Frage der sozialen Segregierung und Kinder mit Behinderungen oder Verhaltensauffälligkeiten aus benachteiligten Milieus werden doppelt benachteiligt.

Der Besuch von Regelschulen hat mir nicht nur mein Abitur, das nachfolgende Studium und ultimativ auch die Wahl meines Berufs ermöglicht, sondern auch die gesellschaftliche Teilhabe. Wenn wir Schule wirklich inklusiv denken, dann geht es nicht nur um den Zugang zu Bildung, der allen möglich gemacht werden muss. Es geht auch um den Erlebnis- und Begegnungsraum Schule, der *alle* Kinder dazu befähigen soll, an einer vielfältigen und inklusiven Gesellschaft teilzuhaben. Diesen wichtigen Punkt hat der Pädagoge Jakob Muth, der auch als Vordenker der Gesamtschule gilt, bereits 1986 gesehen und passende Worte dafür gefunden: «Wer als Kind einmal in eine Sonderschule überwiesen ist, der verliert fast jegliche Kontaktmöglichkeiten mit Kindern allgemeiner Schulen. […] Aber auch die nichtbehinderten jungen Menschen verlieren dadurch die Möglichkeit zur Interaktion mit Behinderten. Beiden Gruppen, der Gruppe Behinderter und der Nichtbehinderter, fehlen deshalb Situationen des Umgangs miteinander.»[16]

Zum Status quo der Bildungsinklusion in Deutschland

Trotz all dieser Argumente und Empfehlungen von Expert*innen für mehr Inklusion auf Regelschulen und einen Abbau des Förderschulsystems schreitet der schulische Inklusionsprozess in Deutschland nur schleppend voran: Zwar sind Inklusionsquoten (der Anteil von Kindern mit Förderbedarf an Regelschulen gemessen an der Gesamtzahl der Schüler*innen) und Inklusionsanteil (der Anteil von Schüler*innen mit Förderbedarf, die inklusiv an Regelschulen unterrichtet werden relativ zur Gesamtschüler*innenanzahl mit Förderbedarf) seit der Ratifizierung der UN-BRK 2009 gestiegen. Gleichzeitig hat sich aber die Exklusionsquote (der Anteil von Kindern mit Förderbedarf, die separiert an Förderschulen unterrichtet werden, gemessen an der Gesamtzahl der Schüler*innen) annähernd konstant gehalten. Prognosen stellen in Aussicht, dass die Exklusionsquote bei den momentanen Planungen der meisten Bundesländer auch in den nächsten Jahren nicht wesentlich zurückgehen wird. Bemerkenswert ist, dass es bei den verschiedenen Bundesländern erhebliche Unterschiede in der Entwicklung dieser Quoten gibt – wie schon erwähnt ist Bildung Sache der Bundesländer, und es gibt einen Flickenteppich an Strategien und Umsetzungen in Deutschland. Auch Schulformen spielen eine Rolle: Realschulen und Gymnasien bilden in Sachen Inklusion das Schlusslicht.[17]

Auf den ersten Blick erscheint es sehr merkwürdig und widersprüchlich, dass Inklusionsquote und Inklusionsanteil gestiegen sind, aber die Exklusionsquote konstant bleibt. Das hängt damit zusammen, dass gleichzeitig die Quote an Kindern, bei denen ein «sonderpädagogischer Förderbedarf» festgestellt wird, stark angestiegen ist. Ein solcher Förderbedarf wird durch ein «Sonderpädagogisches Feststellungsverfahren» bestimmt. Wissenschaftler*innen wie Brigitte Schumann und Hans Wocken prangern an, dass sonderpädagogische Einrichtungen diese Verfahren dazu nutzen, ihre eigenen Systeme zu erhalten, und sprechen gar von einer «Pseudo-Inklusion»: Immer mehr Kindern, die bereits Regelschulen besuchen, wird ein Förderbedarf bescheinigt, wodurch nicht nur die Inklusionsquote an Regelschulen künstlich in die Höhe getrieben wird, sondern auch die Schüler*innenzahlen an den Förderschulen weiterhin hoch bleiben. Ermöglicht wird das auch durch einen «Etikettenschwindel»: Es ist auffällig, dass immer mehr Kinder mit sonderpädagogischem Förderbedarf, denen früher das Etikett «Lernen» zugesprochen wurde, heute stattdessen «Geistige Entwicklung» oder «Soziale und Emotionale Entwicklung» erhalten. [18] Es ist im Feststellungsverfahren sehr viel einfacher, eine Entwicklungs- oder Verhaltensstörung zu diagnostizieren als Lernschwierigkeiten – denn Letztere gelten als sogenannte geistige Behinderungen, und Betroffene haben beispielsweise auch Anspruch auf einen Schwerbehindertenausweis.

Ein weiterer wichtiger Punkt in der Diskussion um inklusive Bildung betrifft das sogenannte Elternwahlrecht: Befürworter*innen des Sonderschulsystems verweisen darauf, dass Eltern das Recht hätten zu entscheiden, ob ihre Kinder mit Förderbedarf an einer Regel- oder einer Förderschule unterrichtet werden sollen. Wenn wir verstehen wollen, warum die strukturellen Änderungen des Bildungssystems kaum voranschreiten, müssen wir uns auch die Motive von Eltern klarmachen, die ihr Kind auf eine Förderschule statt auf eine Regelschule schicken. Außerdem sollten wir uns mit der Perspektive der Lehrkräfte auf das Thema inklusive Schule auseinandersetzen.

Zu all diesen Themen (und noch vielen mehr) habe ich mit Tina Sander vom Elternverein mittendrin e. V. gesprochen.

«Unsere Kinder haben auch ein Recht auf Bildung» –
Tina Sander von mittendrin e. V.

Der mittendrin e. V.[19] wurde 2006 als Elternverein behinderter Kinder in Köln gegründet. Ziel
des Vereins ist es, Räume des gesellschaftlichen Zusammenlebens zu öffnen und inklusiv zu gestalten, wobei «Schule» bis heute
ein zentrales Thema ist.[20] Stellvertretend für
den Verein spricht TINA SANDER.

Raúl: Seit über 16 Jahren unterstützt ihr als mittendrin e. V. Eltern behinderter Kinder, führt Projekte zur kulturellen Teilhabe
durch und setzt euch für Inklusion in allen Lebensbereichen ein.
Wie ist der Verein entstanden?

Tina Sander: Die Gründungsmitglieder*innen sind fast ausschließlich Eltern von Kindern mit Behinderungen oder Kindern, die einen sogenannten sonderpädagogischen Förderbedarf haben und deshalb von der Regelschule ausgeschlossen
werden (Regelschule = Teil des zwei- bis dreigliedrigen Schulsystems, Anm. des Autors). Wir haben den Verein gegründet,
um unseren behinderten Kindern Räume zu öffnen, in denen
andere Kinder sich selbstverständlich bewegen. In gewisser
Weise folgen unsere Projekte den Lebensstationen unserer Kinder: Schule, Ausbildung, Arbeitsmarkt, kulturelle und soziale
Teilhabe. Das Thema «Bildung» war von Anfang an zentral für
uns.

Raúl: Du hast die getrennte Schulform schon angesprochen –
wie steht ihr als Eltern und als Verein dazu?

Tina Sander: In unserer Gründungssatzung steht ein wichtiger Satz: «Schule ist für Kinder da und nicht umgekehrt». Wir meinen damit, dass Kinder nicht als Hauptschüler*innen, als Sonderschüler*innen oder was auch immer geboren werden. Die Einteilung in getrennte Schulformen ist eine gesellschaftliche und politische Entscheidung. Auf persönlicher Ebene haben wir bei der Einschulung unserer Kinder erlebt, wie ausschließend diese Einteilung ist. Wenn Schule genug Flexibilisierung bieten und sich nach den Bedürfnissen der Kinder ausrichten würde, dann bräuchten wir keine getrennten Schulformen, sondern hätten eine gute Schule für alle Kinder.

Raúl: Das bedeutet in letzter Konsequenz dann auch die Abschaffung der Gymnasien?

Tina Sander: Eine Schule für alle schließt diese Konsequenz ein – wobei der Punkt politisch sehr umkämpft ist. Unter dem Schlagwort «Schulfrieden» gibt es oft die Bekenntnisse, solch tiefgreifenden Strukturreformen nicht anzupacken. Bezeichnend ist, dass hier eine Kriegsrhetorik verwendet wird – es wird «mit harten Bandagen» um die Erhaltung von Strukturen gekämpft, die in Deutschland tiefe Wurzeln haben. Unser segregierendes Schulsystem ist ein historisches Erbe, das bis in die Ständegesellschaft zurückreicht – höhere Schichten hatten Zugang zu weiterführender Bildung und andere nicht. In der Weimarer Republik gab es dann das Bestreben, Schule zu demokratisieren. Allerdings konnte man sich nur auf den sogenannten «Schulkompromiss» einigen, der beispielsweise das dreigliedrige Schulsystem (Hauptschule, Realschule, Gymnasium) und die Begrenzung des gemeinsamen Lernens in der Grundschule auf die ersten vier Klassen enthielt. Nach dem Zweiten Weltkrieg wurde dieser Kompromiss wieder aufgenommen und bestimmt bis heute unser Schulsystem.[21] Hier ist wichtig zu betonen, dass Deutschland einen Sonderweg geht – fast alle anderen europäischen Länder haben deutlich längere gemeinsame Klassen. Die sehr frühe Einteilung nach «Leistungsprognosen» hat vor diesem historischen Hintergrund den Beigeschmack der Sozialsegregation.

Raúl: Wenn es um die von dir angesprochene Einteilung in verschiedene Schulformen geht, spielen auch Eltern eine große Rolle. Hier wird immer wieder das sogenannte Elternwahlrecht in den Ring geworfen.

Tina Sander: Die Fixierung der bildungspolitischen Debatte auf das Elternwahlrecht halten wir aus mehreren Gründen für einen Fehler. Erstens geht es bei der Inklusion um die Bildungschancen der Kinder – durch die UN-BRK lässt sich kein Elternwahlrecht ableiten. Zweitens wird vorausgesetzt, dass Eltern die Wahlmöglichkeit zwischen einer Regel- und einer Förderschule haben wollen. Aus unserer jahrelangen Erfahrung mit Eltern behinderter Kinder ist das nicht zutreffend. Die meisten Eltern würden sich wünschen, dass ihr behindertes Kind ganz selbstverständlich auf die Schule geht, die auch nichtbehinderte Kinder besuchen.

Raúl: Was bewegt denn Eltern behinderter Kinder, sie auf eine Förderschule statt auf eine Regelschule zu schicken?

Tina Sander: Das Problem ist, dass viele Eltern vor Ort gar keine realen Optionen haben. Viele Regelschulen geben ihnen zu verstehen, dass ihr Kind dort nicht angenommen werden würde, dass nicht die richtigen Lernvoraussetzungen bestehen würden, dass es dort sicherlich gemobbt werden würde. Hier werden viele Ängste der Eltern geschürt, die ihre behinderten Kinder für verletzlicher halten. Sie haben Sorge, dass diese in einer Regelschule ausgegrenzt werden. Die Kombination aus fehlenden Alternativen, Überlastung und dem Schonraumargument hat oft zur Folge, dass die Eltern eine Förderschule «wählen» – also die exkludierende statt die inkludierende Schulform. Wir wollen aber klar betonen, dass es unfair wäre, die Verantwortung dafür rein den Eltern in die Schuhe zu schieben. Wenn es in der Fläche ein funktionierendes inklusives Regelschulsystem gäbe, dann würden die psychologischen Mechanismen in dieser Form nicht mehr ziehen.

Raúl: Wie geht ihr als Verein damit um, wenn Eltern Beratung suchen und es um die Schulwahl geht?

Tina Sander: Wir sprechen keine konkrete Empfehlung aus – das wäre übergriffig, denn wir können nicht für die Eltern entscheiden, welchen Weg sie mit ihrem Kind gehen. Was wir aber tun können, ist anzuregen, den Status quo zu hinterfragen: Was sind die Versprechungen, mit denen Förderschulen locken, und können diese auch eingelöst werden? Werden sich die Ängste der Eltern durch die Wahl einer Förderschule auflösen? Was braucht das Kind und wie können wir ihm das geben? Wir versuchen, gemeinsam mit den Eltern Wege zu finden, die vielleicht heute noch gar nicht offensichtlich sind. Hier ist unser *Peer*-Ansatz ganz wichtig: Weil die meisten von uns selbst Eltern behinderter Kinder sind, können wir all diese Ängste nachvollziehen und empathisch beraten.

Raúl: Wechseln wir von der Elternperspektive zu den Lehrkräften und den Behörden: Warum werden diese exkludierenden Strukturen immer noch so rigoros aufrechterhalten? Von Lehrkräften höre ich beispielsweise häufig, dass sie sich nicht ausgebildet fühlen, um den speziellen Bedürfnissen behinderter oder verhaltensauffälliger Kinder gerecht zu werden. Ich antworte darauf immer, dass Eltern behinderter Kinder ja auch keine Ausbildung für die Bedürfnisse ihrer Kinder haben und sich trotzdem anpassen müssen. Ich halte diese «Fachkraftisierung» für ein grundsätzliches Problem.

Tina Sander: Vor allem wird dieses Argument dazu genutzt, bestehende Aussonderungsräume zu schützen, und ist manchmal auch ein Unwillen, sich mit behinderten Menschen auseinanderzusetzen. Menschen mit Behinderungen lernen im Förderschulsystem nicht, mit der Gesellschaft klarzukommen, und die Gesellschaft lernt nicht, mit Menschen mit Behinderungen klarzukommen. Nur wenn wir Schule inklusiv hinbekommen, kann auch die Gesellschaft inklusiv werden.

Eine Neustrukturierung des Schulsystems würde für viele Lehrkräfte in diesem Bereich bedeuten, grundsätzlich infrage zu stellen, wie sie bisher gearbeitet haben. Durch eine gefühlte Überforderung entsteht eine Abwehrreaktion. Einerseits ist das ein Auftrag, die Ausbildung neu zu strukturieren, andererseits muss man auch sagen, dass ohne eine gewisse Offenheit und Transferleistung keine Adaption stattfinden wird. Als in den 1980er-Jahren das gemeinsame Lernen aufkam, haben Kinder, denen eine sogenannte geistige Behinderung zugeschrieben wird, beispielsweise nicht von Sonderschullehrer*innen das Lesen beigebracht bekommen – das haben Regelschullehrer*innen übernommen.

Raúl: Das bringt uns zum Thema Lehrpläne und Unterrichtsgestaltung. Aus Gesprächen mit Menschen, die auf Förderschulen gegangen sind, habe ich den Eindruck gewonnen, dass dort vor allem das sogenannte lebenspraktische Lernen vermittelt wird: Obstsalat schneiden, Blumen gießen, Klassenraum aufräumen etc.

Tina Sander: Auch unseren Erfahrungen und den Rückmeldungen vieler Eltern von Förderschüler*innen nach, nimmt das sogenannte lebenspraktische Lernen in den Förderschulen einen sehr großen Raum ein. Die Kulturtechniken treten dagegen in den Hintergrund. Wir als Eltern behinderter Kinder und als Verein haben den Eindruck, dass nicht genug darauf geschaut wird, dass unsere Kinder nicht nur das Recht auf Betreuung, sondern eben auch auf Bildung haben.

Raúl: Was muss sich innerschulisch noch ändern, damit inklusive Regelschulen besser funktionieren können?

Tina Sander: Schule muss flexibler mit den Bedürfnissen der Schüler*innen umgehen. Wir haben in unserer Beratung beispielsweise zwei Kinder aus dem Autismus-Spektrum. Sie haben massive Schwierigkeiten damit, sich länger in einer größeren Klassengemeinschaft aufzuhalten. Nach vielen Gesprächen mit der Bezirksverwaltung, mit den Lehrkräften, mit den Schulbehörden haben wir es gemeinsam mit den Eltern geschafft, dass diese Kinder in einer Form des adaptiven Lernens nur ein Mal pro Woche in den Präsenzunterricht kommen müssen und sich den Rest des Lehrstoffs eigenständig zu Hause erschließen dürfen. Auf diese Weise konnten beide Kinder Regelschulabschlüsse erreichen.

Raúl: Ist jedes Kind inkludierbar oder gibt es sogenannte Systemsprengerkinder?

Tina Sander: Wir haben Extremsituationen erlebt, wo oft auch Förderschulen uns gesagt haben, das Kind sei zu schwierig, man könnte es nicht weiter beschulen. Die Eltern eines Kindes mit Trisomie 21 und sogenannter starker Verhaltensauffälligkeit in unserer Beratung wurden praktisch jeden Tag auf der Arbeit angerufen, dass das Kind abgeholt werden müsse. Die Mutter war am Rande des Nervenzusammenbruchs und ist in unsere Geschäftsstelle gestürmt, um uns vorzuwerfen, dass unsere Leitlinien Lügen seien: Ihr Kind könne nicht inkludiert werden. Wir haben gemeinsam mit der Familie den Schritt an eine inklusive Schule gewagt – mit viel Unterstützung und flexiblen Regelungen, also Eingliederungshilfe, Einzelbegleitung, individuell zugeschnittenen pädagogischen Konzepten usw. Dort sind keine Wunder passiert, das Kind war immer noch schwierig und die Beschulung herausfordernd – aber es konnte dort bis zum Ende der Regelschulzeit Schule erleben, wohingegen sich die Förderschule geweigert hat, das Kind überhaupt weiter zu beschulen.

Solche und andere Beispiele zeigen: Jedes Kind – mit oder ohne Einschränkung – hat bestimmte Bedürfnisse, die Schule beachten muss. Wir müssen den Perspektivwechsel hinkriegen: Was braucht das Kind an dieser Schule? Nicht: Was für eine Schule braucht das Kind?

Raúl: Das war in dem beschriebenen Fall doch bestimmt ein großer Kampf um die Bewilligung von Mitteln.

Tina Sander: Ja, für solche individuellen Regelungen muss es Menschen geben, die mit den Behörden in den Ring steigen. Unser Verein und viele andere haben als Lobbyisten für inklusive Schule in den letzten 16 Jahren einiges erreicht. Wir haben zu Anfang unserer Arbeit noch erlebt, dass uns Regelschulen ganz offen zurückgemeldet haben: «Ein Kind wie Ihres können wir hier nicht nehmen, das ist eine Zumutung für unser Kollegium.» Das ist heute im Raum Köln an Grundschulen nicht mehr so. Die Sollbruchstelle bleibt nach wie vor die weiterführende Schule. Damit sich hier etwas ändert und wir irgendwann eine grundsätzliche Neustrukturierung des Bildungssystems ins Auge fassen können, müssen wir auch weiter kleinteilig für inklusive Bildung einstehen. Wir brauchen auch weiterhin das politische und gesellschaftliche Engagement von Privatpersonen in den Fachbeiräten, Gremien und Ausschüssen. Leider nehmen wir wahr, dass sich in diesem Bereich zunehmend ein Altersgefälle auftut.

Raúl: Wie können wir junge Eltern für diesen politischen Kampf befeuern, der oft weder Geld noch Beifall einbringt?

Tina Sander: Wir müssen uns Konzepte überlegen, wie wir die Last auf viele Schultern verteilen können. Junge Eltern sind heutzutage mit unheimlich vielen Herausforderungen im täglichen Leben konfrontiert – die Corona-Pandemie hat die Belastung noch potenziert. Der politische Kampf für Inklusion erfordert einen langen Atem, aber er kann auch ein unheimliches Gefühl von Selbstwirksamkeit mit sich bringen.

Ein Blick über den Tellerrand

Deutschland war beim Thema inklusive Bildung in Europa lange Schlusslicht.[22] Wenn wir schulische Inklusion hierzulande vorantreiben wollen, dann reicht es nicht, nur die Defizite des derzeitigen Systems zu entlarven. Wir müssen auch nach konstruktiven Wegen suchen, wie ein inklusives Bildungssystem in Deutschland aussehen könnte. Dabei geht es auch um die Auseinandersetzung mit pragmatischen Fragen des angedachten strukturellen Wandels: Wie könnte man den Abbau bzw. die Abschaffung der Förderschulen organisieren? Wie können wir Lehrkräfte besser ausbilden und auf die Herausforderungen einer Schule für alle vorbereiten? Und wie sollen wir das eigentlich alles finanzieren?

Bei allen diesen Fragen hege ich die Hoffnung, dass wir mit einem Blick über den Tellerrand weiterkommen: Wenn Deutschland europäisches Schlusslicht ist oder war, dann gibt es zumindest zahlreiche Modelle anderer Länder, die schulische Inklusion besser umsetzen. Als nächste Gesprächspartnerin habe ich deshalb mit Jutta Schöler gesprochen, die als Schulpädagogin beim Aufbau des deutschen Gesamtschulsystems beteiligt war, als Wissenschaftlerin eine der Wegbereiterinnen der schulischen Inklusion in Deutschland ist und sich detailliert mit anderen europäischen Bildungskonzepten beschäftigt hat.

Eine Schule für alle – **Jutta Schöler**

JUTTA SCHÖLER **war von 1980 bis 2006 Professorin für Erziehungswissenschaft an der TU Berlin. Sie setzt sich seit mehr als 40 Jahren dafür ein, dass behinderte und nichtbehinderte Kinder gemeinsam an Regelschulen unterrichtet werden dürfen. 2008 initiierte sie den Jakob-Muth-Preis für vorbildliche inklusive Schulen und Verbände.**[23]

Raúl: Liebe Jutta, du hast bereits vor vielen Jahren folgende These aufgestellt: «Mit Sonderschulen kann die Teilhabe von Menschen mit Behinderung in der Gesellschaft nicht erreicht werden!»[24]

Jutta Schöler: Das würde ich heute auch noch unterschreiben. Ich habe meine Worte hier mit Bedacht gewählt und spreche von «Sonderschulen», obwohl der offizielle Begriff im deutschen Bildungssystem «Förderschule» lautet. Schule soll alle

Kinder «fördern» – egal ob hochbegabt, mit sogenannten intellektuellen Beeinträchtigungen, mit körperlichen Einschränkungen usw. Durch eine Aufteilung der Bildungseinrichtungen werden angebliche «Schonräume» für Menschen mit Behinderungen geschaffen, die in Wirklichkeit Fallen gesellschaftlicher Ausgrenzung sind.

Raúl: Du sprichst dich also generell gegen die Aufteilung von Schule aus?

Jutta Schöler: Ziel meiner Arbeit seit mehr als 40 Jahren ist es, dass wirklich *alle* Kinder, Jugendliche und Erwachsene Zugang zu allen Bildungseinrichtungen haben. Das muss gesellschaftliche Normalität werden. Unser momentanes Schulsystem ist zu großen Teilen willkürlich und selektiv. Zugespitzt gesagt: Solange es in Deutschland noch sogenannte Förderschulen und Gymnasien gibt, kann man nicht von Inklusion sprechen.

Raúl: Welche Alternative präferierst du?

Jutta Schöler: Eine Schule für alle, in der Kinder und Jugendliche von der 1. bis ggf. 13. Klasse zusammen lernen. Dabei scheint mir eine gewisse Differenzierung – etwa nach Interessen – durchaus sinnvoll. Vorbilder könnten Modelle wie das schwedische oder das italienische sein, wo es bis zur 9. Klasse eine einzige grundlegende Schulform gibt und die weiterführende Oberstufenform aber prinzipiell für alle Schüler*innen offen ist. Das heißt: Selbst Kinder, die als geistig behindert bezeichnet werden, oder Kinder mit erheblichen Lernschwierigkeiten können weitergehen und höhere Abschlüsse machen, wenn es von den entsprechenden pädagogischen und psychologischen Berater*innen und den Eltern als der richtige Schritt angesehen wird.

Raúl: In Deutschland gibt es ja Modelle, die einige dieser Grundsätze aufgreifen – etwa die sechsjährige Grundschule in Berlin.

Jutta Schöler: Ja – und sehr gute Gesamtschulen wie etwa die Martin-Buber-Oberschule in Berlin-Spandau. Diese Schulen haben zum Teil drei Mal so viele Anfragen wie Plätze. Trotzdem wird in diesem Bezirk ein neues Gymnasium statt einer zweiten Gesamtschule geplant. Solche Beispiele zeigen, dass diese Entwicklung politisch nicht gewollt ist.

Raúl: Was wären für dich erste Schritte, die wir angehen müssten, um das zu ändern?

Jutta Schöler: Wir stehen vor einem grundsätzlichen Problem. Wenn das Bildungssystem inklusiver gestaltet werden soll, dann müssen das Menschen angehen, die auch von den Vorteilen eines solchen Systems überzeugt sind. Doch diejenigen, die beispielsweise Eltern von Kindern mit Behinderungen zur Schulwahl beraten, haben ein Interesse an der Erhaltung ihrer eigenen Sonderschulform. Wir müssen deshalb erstens das Recht der Eltern stärken, dass gegen ihren Willen kein Kind auf eine sogenannte Förderschule geschickt werden darf. Zweitens müssen wir uns stärker mit den Sorgen und Bedenken der Eltern auseinandersetzen und über die Vorteile einer inklusiven Schule aufklären. Drittens müssen wir personelle und finanzielle Mittel neu verteilen.

Raúl: Viele Lehrkräfte von Regelschulen berichten, dass sie sich nicht ausreichend ausgebildet fühlen, um «Kinder mit hohem Förderbedarf» zu unterrichten. Du warst lange Dozentin an einer Pädagogischen Hochschule – was sind deine Lösungsansätze?

Jutta Schöler: Unser Ausbildungssystem für Bildungsberufe ist genauso selektiv wie das Schulsystem. Junge Menschen müssen sich vor jeglicher praktischen Erfahrung dafür entscheiden, Lehrer*innen auf einer Regelschule oder Sonderpädagog*innen zu werden. Wer den erstgenannten Weg einschlägt, hat in der Regel während der gesamten Ausbildung nur minimalen Kontakt zu Kindern mit Behinderungen. Dieses Studiensystem stellt die Weichen für Ablehnung. Eine wirklich inklusive Lösung wäre, wenn alle Lehrer*innen zunächst einen gewissen Zeitraum – sagen wir fünf Jahre – für den Unterricht mit *allen* Kindern ausgebildet werden, bevor sie eine Spezialisierung wie die Sonderpädagogik wählen. Wir brauchen diesen Erfahrungsraum für junge Lehrer*innen, in dem sie kooperatives Lernen erleben können – natürlich nicht vollkommen auf sich gestellt, sondern mit entsprechender personeller Unterstützung. Außerdem müssen wir die Klassengrößen auf maximal 20 Schüler*innen verkleinern. Dass das funktioniert, zeigen die bereits angesprochenen Modelle in skandinavischen Ländern oder auch in Italien.

Raúl: Wenn wir über grundsätzliche Änderungen an Systemen sprechen, sind zwei Entgegnungen vorprogrammiert: «Das ist nicht organisierbar» und «Das ist nicht finanzierbar». Können wir mit dem Blick auf diese Modelle im Ausland beide Argumente entkräften?

Jutta Schöler: In Italien wurde bereits in den 1970er-Jahren eine grundsätzliche Reform des Bildungssystems gesetzlich festgelegt, die in ihrer Formulierung dem Artikel 24[25] der späteren BRK gleicht. Eine breite gesellschaftliche Bewegung gepaart mit stark politisierten Lehrer*innengewerkschaften führte dort dazu, dass die Sonderschulen abgeschafft wurden und seitdem wirklich alle – eingeschlossen Kinder mit schwersten Beeinträchtigungen – gemeinsam die Regelschulen besuchen und auch die weiterführende Schulform prinzipiell für alle zugänglich ist.

Raúl: Wie wurde der Übergang organisiert?

Jutta Schöler: Schüler*innen in Sonderschulen und ähnlichen Bildungseinrichtungen konnten ihre Ausbildung abschließen, sofern sie dies wünschten. Alle neu eingeschulten Kinder kamen automatisch auf die Regelschule. Insgesamt hat dieser Umstellungsprozess etwa acht Jahre gedauert. Dazu gehörte auch eine schrittweise Umschichtung der personellen und finanziellen Ressourcen. Die Lehrer*innen aus den auslaufenden Sonderschulklassen wurden an Regelschulen versetzt. Gleichzeitig wurden Weiterbildungen für bestimmte Bedürfnisgruppen attraktiver gemacht.

Raúl: Das kostet natürlich alles Geld. Stichwort: «Inklusion gibt es nicht zum Nulltarif».

Jutta Schöler: In der Forschung wurde mehrfach eindeutig gezeigt, dass unser Doppelsystem erhebliche Mehrkosten verursacht.[26] Im Falle einer inklusiven Neustrukturierung können die personellen und finanziellen Ressourcen gebündelt werden. Außerdem hat eine inklusive Schulform nachweislich positive Auswirkungen auf die Bildungschancen von Kindern mit Behinderungen, das beeinflusst dann wiederum die Leistungen der Sozialsysteme. Eine Schule für alle ist möglich, aber wir müssen mutigere Schritte gehen.

Wege in ein inklusives Schulsystem

Die Zeit in der Schule prägt unsere Kinder – sie stellt die Weichen für die Zukunft, und zwar sowohl auf Ebene der Bildung und beruflichen Entwicklung als auch der Sicht auf die Welt. Wenn wir in einer inklusiven Gesellschaft leben wollen, dann ist es unabdingbar, dass wir Schule inklusiv hinbekommen.[27] Um aus der bildungspolitischen Sackgasse herauszukommen, in der wir momentan feststecken, müssen große strukturelle Änderungen des Bildungssystems vorgenommen werden. Hier sind einige Denkanstöße und konkrete Forderungen aus diesem Kapitel:

- Wir müssen raus aus der Schonraumfalle: Das Förderschulsystem muss schnellstmöglich aufgelöst werden. Das kommt nicht nur Kinder mit Behinderungen, sondern allen Kindern zugute.
- Die «Sonderpädagogischen Feststellungsverfahren» tragen zur Erhaltung des derzeitigen Doppelsystems bei und lassen Inklusion in Zahlen besser aussehen, als es real der Fall ist – wir sollten sie kritisch überdenken.
- Wir müssen Ängste von Eltern behinderter Kinder ernst nehmen und durch Aufklärung, Beratung und Begleitung für positive Inklusionserfahrungen sorgen.
- Für echte Inklusion sollten wir auch nicht vor politischen Tabu-Diskussionen wie der Abschaffung von Gymnasien zurückschrecken.
- Das Argument der fehlenden Ausbildung von Lehrkräften führt in eine «Fachkraftisierungsdebatte». Es mangelt schon während der Lehrer*innenausbildung am Kontakt mit behinderten Kindern. Das könnten wir durch eine Anpassung der Ausbildungsstandards ändern.

- Lehrkräften und Schulen müssen außerdem ausreichende finanzielle und personelle Ressourcen zur Verfügung gestellt werden, um Inklusion realisierbar zu machen. Themenfelder sind unter anderem mehr und besser ausgebildete sowie entlohnte Lehrkräfte, kleinere Klassengrößen und die Kostenübernahme für individuelle Einzelbetreuung.

- Wir könnten uns ein inklusives Bildungssystem leisten – was wir auf Dauer nicht finanzieren können, sind zwei parallel laufende Systeme von inklusiven Regel- und Förderschulen.

- Der Blick ins europäische Ausland zeigt, dass schulische Inklusion keine Utopie, sondern ein Erfolgsrezept ist. Lasst uns von Modellen wie in Skandinavien oder Italien lernen.

Faire Arbeit für alle?

 **Raul Krauthausen** @raulde

«Wir sollten nichtbehinderten Menschen unbedingt Schutzräume schaffen – wie wäre es mit Nichtbehinderten-Werkstätten?»

In der neunten Jahrgangsstufe machte meine Schulklasse einen Ausflug zum Berufsinformationszentrum, damit wir jungen Menschen verschiedene Berufe kennenlernen konnten. Alle waren euphorisch, denn schließlich hatten die meisten bei den Erwachsenen im Umfeld erlebt, wie wichtig der Faktor Arbeit im Leben ist. Durch Arbeit kann man Geld verdienen, um sein Leben (zumindest in der Freizeit) nach den eigenen Vorstellungen zu gestalten. Aber für viele Erwachsene schien es noch aus einem anderen Grunde wichtig, einer Arbeit nachzugehen: Wer arbeitet, macht etwas Sinnvolles mit seiner Zeit, trägt etwas bei, gibt der Gesellschaft etwas zurück. Auch ich war neugierig, welche Perspektiven sich für mich dort eröffnen würden. Als wir im Berufsinformationszentrum ankamen, wurde mir ein eigener Berater zugeteilt. Während meine Mitschüler*innen über spannende Berufsfelder aufgeklärt wurden, musste ich diesem Mann in einen separaten Raum folgen. Er eröffnete das Gespräch mit folgendem Satz: «Raúl, hast du schon mal was von Mosaikwerkstätten gehört?» Bei mir klingelten sofort die Alarmglocken, denn Mutter hatte mich vor dem Ausflug gewarnt und mir eingebläut: «Lass dir bloß kein Praktikum in einer Werkstatt andrehen!». Damals hatte ich nur eine sehr begrenzte Vorstellung davon, was in Werkstätten für behinderte Menschen (WfbM) überhaupt passierte – und das ist sicher für einen Großteil der Menschen in Deutschland bis heute so. In der Öffentlichkeit werden Werkstätten für behinderte Menschen sehr positiv dargestellt und wahrgenommen. Unternehmen, die sich rühmen, auf faire und nachhaltige Standards zu setzen, vergeben Aufträge mit hoher Stückzahl an Werkstättenverbände und werben teilweise sehr offensiv mit dem Label «Produziert in einer Werkstatt für behinderte Menschen».[1] Die Kund*innen erhalten mittlerweile nicht nur sehr hochwertige Produkte – beispielsweise Schokolade, Tee oder auch Teppiche und andere Textilwaren –, sondern kaufen auch gleich das gute Gefühl mit ein. Denn schließlich sind die Produkte doch in Einrichtungen hergestellt worden, die behinderten Menschen eine Beschäftigung ermöglichen, die sie vielleicht sonst nicht ausüben könnten. Sie sind in Einrichtungen hergestellt, die behinderte Menschen schützen, ihnen eine Tagesstruktur geben und ihre besonderen Bedürfnisse beachten. All diese Annahmen führen besonders bei Nichtbehinderten zu einem wohligen Bauchgefühl – vielleicht denken sie sogar, dass sie mit dem Produktkauf die Inklusion behinderter Menschen unterstützen. Bei meiner Mutter und inzwischen auch bei mir macht sich allerdings ein ganz anderes Gefühl in der Magengrube breit – denn wenn ich mir Werkstätten für behinderte Menschen heute aus der Perspektive des Inklusionsaktivisten anschaue, dann stellt sich mir ein ganz anderes Bild dar. In diesem Kapitel möchte ich mich kritisch damit auseinandersetzen, ob die WfbM wirklich – wie oben beschrieben – so positiv zur Arbeitsteilhabe behinderter Menschen beitragen oder ob wir es uns mit dieser *Feel-good*-Darstellung nicht zu einfach machen. Eine Sache möchte ich im Voraus noch einmal betonen: Mir geht es nicht darum, angestellten Betreuer*innen und Werkstattleitenden böse Absichten zu unterstellen, ihre Werte oder ihre Arbeit schlechtzureden. Genauso wenig möchte ich behinderte Menschen bevormunden, die gerne in Werkstätten arbeiten und sich dort wohlfühlen. Es geht mir vielmehr um eine strukturelle Hinterfragung des Systems der WfbM unter dem Blickwinkel der Inklusion. Bevor ich meine Sicht auf dieses Thema näher ausführe und mit verschiedenen Expert*innen ins Gespräch komme, sollten wir uns zunächst die Faktenlage zum Werkstattsystem in Deutschland ansehen.

Werkstätten für behinderte Menschen unter der Lupe

Laut dem Sozialatlas der Heinrich-Böll-Stiftung arbeiteten im Jahr 2020 etwa 316 000 behinderte Menschen in Behindertenwerkstätten. Das ist ein Anstieg von über 100 Prozent im Vergleich zu 1994[2] – und der Trend weist auf einen weiteren Ausbau hin. Aus ökonomischer Sicht ergibt das Sinn, denn die WfbM erwirtschaften zusammengenommen jährlich einen Umsatz von etwa 8 Milliarden Euro. Konzerne wie VW, Thyssen Krupp, Siemens, Daimler gehören genauso zu den Auftraggebenden wie mittelständische und kleine Unternehmen. Dabei ist nicht nur der im vorherigen Abschnitt beschriebene Marketingeffekt interessant, sondern es gibt noch andere begünstigende Faktoren für die Zusammenarbeit mit Werkstätten. Dazu gehört beispielsweise ein verringerter Mehrwertsteuersatz von 7 Prozent, den Werkstätten auf ihre Produkte und Dienstleistungen ausweisen dürfen, oder aber die Anrechenbarkeit von Aufträgen mit bestimmten Ausgleichsabgaben.[3] Die EU-Parlamentsabgeordnete Katrin Langensiepen zieht unter diesen Vorzeichen das Fazit, dass ein Unternehmen «in Europa nirgendwo so billig produzieren kann wie in WfbM».[4] Doch wer produziert eigentlich diese Produkte?

Früher arbeiteten vor allem Menschen in Werkstätten, denen eine sogenannte geistige Behinderung zugeschrieben wird oder die eine schwere körperliche Behinderung haben. In den letzten Jahren nimmt der Anteil an psychisch erkrankten Menschen aber immer mehr zu. Die Werkstattbeschäftigten arbeiten bis zu 35 Stunden pro Woche. Da sie nicht als «klassische» Arbeitnehmer*innen gelten, haben sie keinen Anspruch auf Mindestlohn – durchschnittlich lag das Entgelt 2019 bei etwa 240 Euro im Westen und 189 Euro im Osten der Bundesrepublik.[5] Das entspricht einem durchschnittlichen Verdienst von 1,35 Euro pro Stunde. Von dieser Summe kann niemand seinen Lebensunterhalt bestreiten, weshalb mit Grundsicherung oder einer Rente aufgestockt wird.

Begründet wird die niedrige Entlohnung damit, dass die Beschäftigung in Werkstätten dazu dient, erwerbsgeminderte Menschen mit Behinderungen in das Arbeitsleben einzugliedern und ihre Entwicklung zu fördern.[6] Dazu gehört auch, dass geeignete Werkstattbeschäftigte auf den allgemeinen Arbeitsmarkt vermittelt werden sollen. Das klingt erst mal nach einer guten und sinnvollen Zielsetzung – doch leider wird diese in der Realität nicht umgesetzt. Die Vermittlungsquote von Werkstattbeschäftigten in ein reguläres Beschäftigungsverhältnis liegt seit Jahren bei etwa 1 Prozent.[7] Diesen Umstand haben auch die Vereinten Nationen beanstandet. In ihren Empfehlungen zur Umsetzung der UN-Behindertenrechtskonvention[8] zeigt sich das Komitee besorgt über den hohen Grad der Segregation von Menschen mit Behinderungen in WfbM und kritisiert, dass die abschottenden Maßnahmen einen Übergang auf den allgemeinen Arbeitsmarkt nicht ermöglichen.[9] Hier begegnet uns erneut das Phänomen der «Schonraumfalle»[10]: Menschen mit Behinderungen haben in Werkstätten meist nur in abgegrenzten Sonderräumen die Chance auf berufliche Teilhabe, denn sie arbeiten zu großen Teilen mit anderen behinderten Menschen zusammen, während sie von Nichtbehinderten betreut und gefördert werden – inklusiv kann man das meiner Meinung nach nicht nennen. Die Zahlen zeigen klar, dass der Weg in die Werkstatt oft eine Einbahnstraße ist. Nun mag das in manchen Fällen darin begründet sein, dass die Beschäftigten sich in Werkstätten wohlfühlen und gar nicht auf den allgemeinen Arbeitsmarkt wollen. Vielleicht haben auch einige in der Vergangenheit schlechte Erfahrungen mit regulären Anstellungsverhältnissen gemacht. Aber in meiner Arbeit als Aktivist habe ich in den letzten 20 Jahren auch unzählige Menschen getroffen, die mir eine andere Geschichte erzählt haben. Einer davon – Sven Papenbrock – ist mein nächster Gesprächspartner.

«Wenn man Arbeit ausführt, dann sollte man dafür auch vernünftig entlohnt werden» –
Sven Papenbrock

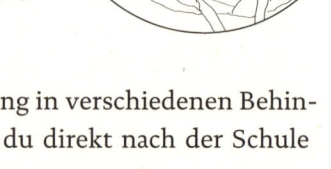

SVEN PAPENBROCK **ist Mitarbeiter beim Projekt Jobinklusive**[11]**, das mehr Menschen mit Behinderungen den Zugang zum sogenannten ersten Arbeitsmarkt ermöglichen möchte. Dort bringt er seine Expertise aus langjähriger eigener Erfahrung im Werkstattsystem ein. Außerdem prüft er die Verständlichkeit von Texten und übersetzt in Leichte Sprache.**

Raúl: Lieber Sven, du hast 13 Jahre lang in verschiedenen Behindertenwerkstätten gearbeitet. Hast du direkt nach der Schule dort angefangen?

Sven Papenbrock: Wie jeder andere Mensch hatte ich nach dem Ende der Schulzeit einen Termin beim Arbeitsamt. Ich habe mir erhofft, dass mir dort Perspektiven für mein weiteres Arbeitsleben eröffnet werden. Aber der Arbeitsvermittler hat mich nur kurz angesehen und dann sofort gesagt, dass er für mich nur eine einzige Option sehen würde: eine Tagesförderstätte. Das ist eine Form des betreuten Arbeitens, die Menschen mit sehr hohem Hilfebedarf aufnimmt. Ich habe mich dann mit viel Eigeninitiative dafür eingesetzt, dass ich zumindest in einer Werkstatt anfangen kann, denn ich wollte ja arbeiten und verschiedene Aufgaben kennenlernen.

Raúl: Und welche Aufgaben hattest du dann in der Werkstatt?

Sven Papenbrock: Ich war über 13 Jahre lang in verschiedenen Standorten der Behindertenwerkstatt beschäftigt und habe dort unterschiedliche Tätigkeiten ausgeführt. Ich habe beispielsweise Maschinenteile für Waschmaschinen zusammengesetzt oder CDs auf Risse und Fehler kontrolliert.

Raúl: Hattest du das Gefühl, dass diese Tätigkeiten eine sinnvolle Nutzung deiner Fähigkeiten waren?

Sven Papenbrock: Die von mir aufgezählten Aufgaben fand ich sinnvoll, und ich habe sie auch gerne gemacht. Ich verstand, warum ich das machte und was der Zweck meiner Arbeit war. Es gab aber auch Tätigkeiten, wo das nicht so war. Ich musste beispielsweise einmal Tausende Teile sortieren, die in einem riesigen Haufen lagen. Nach stundenlanger mühevoller Arbeit bin ich auf die Toilette gegangen, und als ich wiederkam, war alles wieder durcheinander. Da hatte ich das Gefühl, dass man mich nur beschäftigen wollte.

Raúl: Eine wichtige Funktion von Werkstätten soll die Vorbereitung auf den sogenannten ersten Arbeitsmarkt sein. Wurdest du während deiner Werkstattzeit in dieser Hinsicht gefördert?

Sven Papenbrock: Nein, in keiner Art und Weise. Ich habe keine Ausbildung erhalten oder vermittelt bekommen. Man hat mir noch nicht einmal gesagt, dass ich Anspruch auf einen Computerkurs zur Weiterbildung habe.

Raúl: Wie bist du dann doch noch aus diesem System rausgekommen?

Sven Papenbrock: Ein wichtiger Wendepunkt war, als ein Mitarbeiter von einer Vorarbeiterin in meinen Augen ungerecht behandelt wurde. Ich konnte bei solchen Situationen noch nie tatenlos zuschauen und habe sie dann darauf angesprochen und ihr gesagt, dass ich das nicht in Ordnung finde. Die Vorarbeiterin – auch meine Chefin – hat das aber total abgeblockt und hat mich streng ermahnt. Ab dem nächsten Tag hat sie dann angefangen, mich zu mobben, indem sie meine Phobien gegen mich ausgespielt hat, von denen ich ihr im Vertrauen erzählt hatte. Das wurde so schlimm, dass ich nicht mehr zur Arbeit gehen konnte und zwei Monate ohne Bezahlung zu Hause saß. Ich bin schließlich an einen anderen Standort gekommen, aber für mich war klar, dass ich aus diesem System rausmusste.

Ich habe während meiner Zeit in der Werkstatt aus eigenem Antrieb heraus meinen Hauptschulabschluss geschafft und mich mit viel Eigeninitiative darum bemüht weiterzukommen. Ich bin dann in ein betreutes Einzelwohnen gekommen, wo eine Sozialarbeiterin mein Potenzial erkannt hat und mir geholfen hat, noch selbstständiger zu werden und mich auf Praktika außerhalb der Werkstatt zu bewerben.

Raúl: Das zeigt für mich einen wahnsinnigen Ehrgeiz, den du in dir trägst. Meine Kolleg*innen vom Projekt Jobinklusive und ich sind sehr froh, dass du nun bei uns mitarbeitest!

Ich würde gerne noch deine Gedanken zum System der Werkstätten hören: Können wir das System reparieren oder muss es abgeschafft werden?

Sven Papenbrock: Das Werkstattsystem muss dringend neu gestaltet werden.

Es gibt durchaus Menschen, die gerne in den Werkstätten arbeiten und sich dort wohlfühlen. Aber sie arbeiten unter unhaltbaren Bedingungen. Meine Forderung wäre, dass der Mindestlohn auch in Werkstätten gelten muss. Wenn man Arbeit ausführt, dann sollte man dafür auch vernünftig entlohnt werden. Ich finde auch die Zugangsbedingungen zum Werkstattsystem unfair, denn schwerbehinderte Menschen dürfen nicht teilnehmen und werden in Tagesförderstätten geschickt.

Für die Menschen, die sich nicht in den Werkstätten wohlfühlen, muss es bessere berufsvorbereitende Maßnahmen geben. Jeder Mensch mit Behinderung sollte die Möglichkeit haben, am sogenannten ersten Arbeitsmarkt teilzunehmen.

Raúl: Ich finde deinen Drang, dich zu entwickeln und Änderungen anzuregen, wirklich toll. Was würdest du Menschen raten, die vielleicht gerade noch in einer Behindertenwerkstatt arbeiten, aber dort unglücklich sind?

Sven Papenbrock: Es ist schwierig, darauf so pauschal zu antworten. Jeder Mensch und jede Situation sind anders. Es ist verdammt schwierig, aus diesem System herauszukommen. Ich habe das nur geschafft, weil meine Eltern mir von klein auf ein hohes Selbstwertgefühl und viel Eigeninitiative vermittelt haben. Und ich habe Menschen getroffen, die mich gesehen und gefördert haben. Ich würde mir wünschen, dass es mehr Unterstützungsdienste für Menschen mit Behinderungen gibt, damit sie selbstbestimmt leben können.

Der Wert der Arbeit

Die Innensicht aus den Werkstätten, von der Sven Papenbrock berichtet, haben in der jüngeren Vergangenheit viele Menschen öffentlich bestätigt. Unter dem Hashtag *#ihrbeutetunsaus* klären eine große Anzahl von Menschen auf den sozialen Medien über die Arbeits- und Umfeldbedingungen des Werkstattsystems auf. Dabei gibt es einen zentralen Punkt, der bei jeder Art von Arbeit im Mittelpunkt steht: Es geht um die Wertschätzung ihrer Arbeit. Twitter-User*in Johannisbeere formuliert ihre Gedanken dazu folgendermaßen: «Du bist es [als behinderter Mensch] nicht wert, dass deine Arbeit auch als solche anerkannt wird.»[12]

Ist es wertschätzend, dass für ein hohes Wochenarbeitspensum einmal 10 Prozent des Mindestlohns als Verdienst verrechnet wird? Ist es wertschätzend, dass Werkstattbeschäftigte kein Streikrecht haben und keine Betriebsräte gründen dürfen, sondern lediglich sogenannte Werkstatträte mit sehr begrenztem Einfluss? Ist es wertschätzend, dass Unternehmen ihre Produktion mit Milliardenaufträgen in Werkstätten auslagern, aber bei den Beschäftigten kaum etwas ankommt? Viele der Menschen, die sich auf Twitter, Instagram und Co. dazu geäußert haben, beantworten diese Fragen mit einem klaren «Nein», und ich muss mich ihnen anschließen. Ich finde es absurd, dass Unternehmen das Label «Produziert in Werkstätten für Menschen mit Behinderungen» neben ihr Fairtrade-Label platzieren, aber für die Werkstattbeschäftigten viele der Fairtrade-Standards schlicht nicht gelten.[13] Fair ist das nicht – und wertschätzend auch nicht.

Wertschätzung und das Gefühl, als Individuum mit all seinen Besonderheiten gesehen zu werden, spielen sicher auch eine Rolle bei der immer weiter steigenden Zahl an Menschen mit psychischen Erkrankungen, die vom ersten Arbeitsmarkt regelrecht kaputtgemacht wurden und Schutz im «Schonraum» der WfbM suchen. Aber kann es wirklich die Lösung sein, diese von der Gesellschaft abgetrennten Räume immer weiter auszubauen, anstatt grundlegend darüber nachzudenken, wie wir tatsächliche Wege in eine inklusive Arbeitswelt für alle erschließen können? Darüber habe ich mich unter anderem mit Joachim Radatz ausgetauscht.

Inklusion als Humanisierung des Arbeitslebens – Joachim Radatz

JOACHIM RADATZ ist Vorstandsvorsitzender des Netzwerks für betriebliche Integration und Sozialforschung[14] (BIS e.V.). Das Netzwerk berät und unterstützt Menschen mit Behinderungen, vermittelt Praktika und Anstellungen auf dem allgemeinen Arbeitsmarkt – mit dem Ziel einer sozialversicherungspflichtigen Anstellung.

Raúl: Lieber Achim, was bedeutet ein inklusiver Arbeitsmarkt für dich?

Joachim Radatz: Die Teilhabe am Arbeitsleben gehört zu einer großen Idee. Der Beauftragte der Bundesregierung für Menschen mit Behinderungen hat das ganz schön ausgedrückt: «Demokratie braucht Inklusion»[15]. Er meint damit, dass ohne eine gleichberechtigte Teilhabe aller Menschen Demokratie sich gar nicht als solche bezeichnen darf. Aufbauend auf diesem Ansatz würde ich die These stark machen, dass Inklusion immer auch den demokratischen Prozess einer Humanisierung des Arbeitslebens beinhaltet. Nur wenn sich am Arbeitsplatz Menschen mit unterschiedlichen Lebensstilen, Bedürfnissen, Voraussetzungen, Stärken und Schwächen zusammenfinden, kommen wir in dieser Idee weiter.

Raúl: An politischen Ideen mangelt es uns nicht. Aber gleichzeitig muss man sagen, dass auch die Stelle der Behindertenbeauftragung eher ein zahnloser Tiger ist. Woran liegt es, dass wir beim Thema «inklusiver Arbeitsmarkt» so viele schöne Worte finden, aber die Umsetzung so schwierig ist?

Joachim Radatz: Diese Machtlosigkeit rührt meiner Meinung nach daher, dass wir in einem ideenlosen Marktliberalismus feststecken, der Arbeit an eine bestimmte Form von Leistung knüpft. Ich habe nichts gegen Leistung an sich – wir brauchen Leistung in unserer Gesellschaft, um Produkte und Dienstleistungen anbieten zu können, die wir alle brauchen. Aber wenn wir uns nur danach ausrichten, wie effizient diese Art von Leistung erbracht wird, dann gehen all die anderen Leistungen unter, die ein Mensch sonst noch vollbringt – sei es am Arbeitsplatz oder außerhalb davon.

Wie tief diese Vorstellungen nachwirken, kann man an Formulierungen der Sozialgesetzbücher ablesen – beispielsweise, wenn es um die Werkstätten geht, die ihrer Definition nach Menschen unabhängig von der Art oder Schwere ihrer Behinderung eine Teilhabe am Arbeitsmarkt ermöglichen sollen. Als Voraussetzung für die Teilhabe wird dort allerdings formuliert, dass ein «Mindestmaß wirtschaftlich verwertbarer Arbeitsleistung»[16] zu erbringen sei.

Raúl: Also scheitern Werkstätten nicht nur als inklusive Maßnahme, da sie Sonderräume schaffen, die kaum durchlässig für den allgemeinen Arbeitsmarkt sind. Sie widersprechen sogar bei ihren Zugangsbedingungen der Definition von Inklusion.

Joachim Radatz: In Anlehnung an Jakob Muth gilt der Satz: «Inklusion ist unteilbar.» Echte Inklusion muss für alle gelten, man kann nicht einen Teil ausschließen. Das muss auch für den Arbeitsplatz gelten.

Raúl: Und dann gibt es noch eine zusätzliche problematische Dimension: Wenn Werkstätten wirtschaftlich sein müssen, welche Motivation haben sie dann, ihre besten Arbeiter*innen auf den ersten Arbeitsmarkt zu vermitteln? Sie würden sich damit nur selbst schaden.

Joachim Radatz: Aus diesen und vielen anderen Gründen wäre eine konkrete Forderung für eine Reform des inklusiven Arbeitsmarktes, dass diese Rechtsdefinitionen abgeändert oder gestrichen werden. Hier sollten sich Betroffene und Behindertenverbände zusammentun und Lobbyarbeit leisten.

Raúl: Wenn wir – wie ich das seit Jahren lautstark fordere – das Werkstattsystem abschaffen wollen, dann brauchen wir alternative Beschäftigungsformen. Dort gibt es bereits einige Modelle – beispielsweise kann das Persönliche Budget (siehe Kapitel «Selbstbestimmt leben?») auch für Assistenzleistungen am Arbeitsplatz aufgewendet werden. Gehen solche Maßnahmen in die richtige Richtung?

Joachim Radatz: Ich bin der Meinung, dass die Idee der Unterstützten Beschäftigung[17] sinnvoll für die Teilhabe behinderter Menschen ist. Menschen mit Behinderungen können sich auf dem allgemeinen Arbeitsmarkt ausprobieren und erhalten dafür die individuell notwendige Unterstützung – beispielsweise durch eine Assistenzperson, die über das Persönliche Budget, das Budget für Arbeit oder das Unternehmen finanziert wird. Dieser wiederum kann bestimmte Förderungen, beispielsweise von der Agentur für Arbeit, erhalten. Wenn ein Unternehmen einen Zuschuss für die betriebliche Ausbildung eines schwerbehinderten Menschen erhält, so führt das in über 50 Prozent der Fälle zu einer anschließenden regulären Beschäftigung.

Bei der Umsetzung dieser Maßnahmen sehe ich drei Hauptprobleme:

1) Die schon angesprochenen Zugangsvoraussetzungen der «wirtschaftlichen Arbeitsleistung» schließen schwerbehinderte Menschen aus – das ist keine Inklusion.
2) Die Anbietenden von Eingliederungs- und Unterstützungsleistungen (zum Beispiel Werkstätten oder Trägerverbände) sind in vielen Fällen Teil eines Systems, das in Sonderräumen operiert und dessen Institutionen von der Erhaltung dieses Systems profitieren.
3) Die Institutionen, die über die Mittel zur Eingliederung auf den allgemeinen Arbeitsmarkt entscheiden – beispielsweise die Agentur für Arbeit –, haben qua Gesetz den Auftrag, Inklusion herzustellen. Sie bekommen dafür auch finanzielle Ressourcen bereitgestellt – aber trotzdem werden die bestehenden Teilhabemaßnahmen in vielen Fällen nicht bewilligt oder stark gedeckelt.

Gerade Punkt 2 und 3 zeigen, dass wir es mit Institutionen zu tun haben, die als *Gatekeeper* auftreten. Das ist hochgradig paradox – denn genau diese Institutionen haben wir ja eigentlich mit dem Mandat und den Ressourcen ausgestattet, Inklusion voranzutreiben.

Raúl: Das zeigt sich ja auch sehr deutlich an den Eingliederungsquoten der Werkstätten, die seit Jahren bei unter 1 Prozent liegen. Wie können wir auf die Blockaden der *Gatekeeper* reagieren?

Joachim Radatz: Ein wichtiger Punkt ist eine kostenlose und adäquate Rechtsvertretung für behinderte Menschen, die Anrecht auf Arbeitsteilhabeleistungen haben, aber diese nicht bewilligt kriegen. Die Rechtsgrundlagen bestehen größtenteils – die UN-BRK war beispielsweise ein Riesenschritt. Die große strukturelle Aufgabe ist nun, die Vorgaben der BRK in geltendes Recht umzusetzen, und zwar ohne ausschließende Prinzipien wie dem Begriff der «verwertbaren Arbeitsleistung». Aber während wir diese Änderungen versuchen zu erstreiten, muss auch die tagtägliche Ungerechtigkeit bei der Vergabe juristisch verfolgt werden. Rechte sind wenig wert, wenn man sie nicht durchsetzen kann.

Raúl: Ich bin, was die Umsetzung von Teilhabe betrifft, oft frustriert über die Sackgassen, in denen wir stecken. Siehst du Licht am Ende des Tunnels?

Joachim Radatz: Ich bin jetzt Mitte 60 und habe die Entwicklungen im Bereich der Arbeitsmarktteilhabe seit Jahrzehnten mitverfolgt. Als ich angefangen habe, mich in dem Bereich zu engagieren, wurden uns noch die Arbeitgeber*innen als Feindbilder vorgesetzt: Diese würden sich dagegen sträuben, Menschen mit

Behinderungen zu beschäftigten. In der laufenden Beratungstätigkeit unseres Vereins nehmen wir das heute anders wahr. Das Problem ist nicht, willige Arbeitgeber*innen zu finden. Das Problem besteht vielmehr in restriktiven Zugangsbedingungen zu Teilhabeleistungen und den Vergabeinstitutionen. Trotzdem haben wir viel erreicht – und ich bin optimistisch, dass diese positiven Entwicklungen sich fortsetzen werden. Fortschritt ist eine Schnecke, aber es bewegt sich was.

Das paradoxe System der Werkstätten für behinderte Menschen

Ich möchte zum Abschluss dieses Kapitels noch einmal auf struktureller Ebene kritisch beleuchten, warum sich in Sachen inklusiver Arbeitsmarkt nur sehr langsam etwas bewegt – und warum es teilweise sogar in die falsche Richtung geht, nämlich hin zu einem weiteren Ausbau der Werkstätten.[18]

Wir haben bereits festgestellt, was die gesetzlichen Verpflichtungen der WfbM sind: Sie sollen Menschen mit Behinderungen die Teilhabe am Arbeitsleben ermöglichen, sie individuell qualifizieren und auf den allgemeinen Arbeitsmarkt vermitteln.[19] Im Interview mit Joachim Radatz wurde schon angesprochen, dass das eigentlich widersprüchliche Aufträge sind, denn die Werkstätten sind Teil des Wirtschaftskreislaufs und müssen einen Teil ihrer Kosten mit Aufträgen aus der Privatwirtschaft oder dem öffentlichen Sektor decken. Konkret heißt das: Kosten wie Fahrdienste, Personalkosten für Betreuer*innen, Jobcoaches etc. werden durch staatliche Subventionen getragen – etwa 16 500 Euro pro beschäftigter Person werden jährlich an die Trägerstrukturen der Werkstätten überwiesen. Alle anderen Kosten, darunter auch die Lohnkosten, müssen eigenständig erwirtschaftet werden, was dazu führt, dass Werkstätten einem gewissen wirtschaftlichen Druck ausgesetzt sind. Das heißt gleichzeitig, dass sie auf ihre leistungsfähigsten Beschäftigten angewiesen sind, um die Produktions- und Dienstleistungsaufträge auch wirklich erfüllen zu können.

Damit eine gute Auftragslage gewährleistet ist, gibt es – wie schon kurz angesprochen – bestimmte Steuervorteile und den gewichtigen Punkt der Anrechenbarkeit von Auftragskosten mit der sogenannten Ausgleichsabgabe. Öffentliche und private Arbeitgeber sind nämlich gesetzlich dazu verpflichtet, ab einer Arbeitsplatzgröße von 20 mindestens 5 Prozent ihrer Stellen mit behinderten Menschen zu besetzen. Wer diese Quote nicht nachweisen kann, muss eine Ausgleichsabgabe an die Integrationsämter überweisen, die monatlich zwischen 125 und 320 Euro pro unbesetzter Stelle beträgt.[20] Ein Unternehmen, das keine oder zu wenig behinderte Menschen beschäftigt, kann 50 Prozent dieser Ausgleichskosten verrechnen, wenn sie bei Werkstätten produzieren lassen oder Dienstleistungen auslagern. Man könnte es auch anders ausdrücken: Die Ausgleichsabgabe ist eine Möglichkeit, sich echter Inklusion monetär zu entziehen – und durch die Anrechenbarkeit der Werkstattaufträge gepaart mit den unschlagbar billigen Produktionskosten ist dieser Weg für viele Unternehmen schlichtweg attraktiver, als behinderte Menschen einzustellen. Und es wird sogar noch paradoxer: Integrationsämter und andere staatliche Institutionen holen sich aus dem Topf der Ausgleichsabgabe einen Teil der Gelder, um die Werkstätten zu subventionieren. Wenn Werkstätten mehr Beschäftigte zu einer sozialversicherungspflichtigen Anstellung verhelfen würden, dann würde das also indirekt ihre Förderungsgrundlage in Gefahr bringen.

So ergibt sich ein Dreieck aus WfbM, Unternehmen und staatlichen Institutionen, bei denen alle Beteiligten an einer Aufrechterhaltung des Systems interessiert sind. Vor diesem

Hintergrund werden dann auch die niedrigen Vermittlungsquoten von Werkstattbeschäftigten auf den allgemeinen Arbeitsmarkt plausibel – aber nicht akzeptabel.

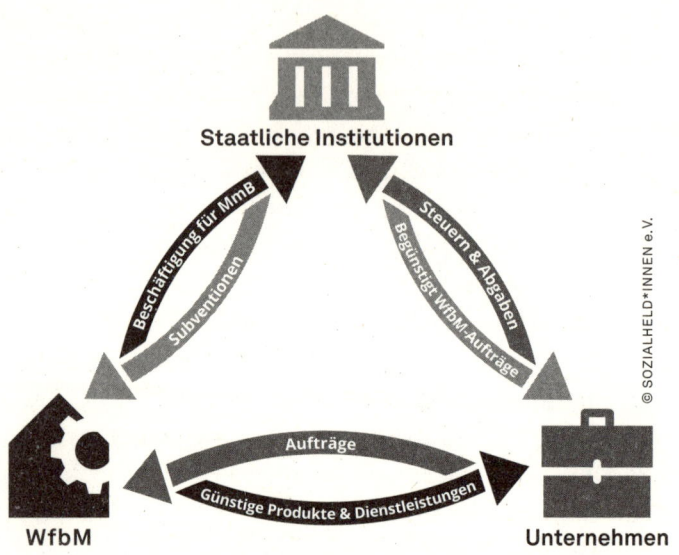

Wege in eine inklusive Arbeitswelt

Werkstätten für behinderte Menschen werden fast ausschließlich positiv wahrgenommen – doch statt ihren Beschäftigten
den Weg auf den allgemeinen Arbeitsmarkt zu ebnen, sind sie
Einbahnstraßen der gesellschaftlichen Exklusion. Wenn wir
das Menschenrecht der gleichberechtigten Teilhabe am Arbeitsleben für behinderte Menschen durchsetzen wollen, dann
dürfen wir uns mit dem momentanen Zustand des Systems
nicht abfinden. Es bedarf einer grundlegenden Reform. Hier
sind einige Erkenntnisse und mögliche Ansätze für die Zukunft:

- Es gibt Menschen, die sich in der Umgebung der Werkstatt wohler fühlen als auf dem allgemeinen Arbeitsmarkt – das ist ihr gutes Recht. Gleichzeitig sollte das Augenmerk aber auch darauf liegen, dass die Arbeitsbedingungen für behinderte Menschen auf dem allgemeinen Arbeitsmarkt verbessert werden. Dazu müssen Arbeitgeber*innen sich einerseits stärker mit den individuellen Bedürfnissen behinderter Menschen auseinandersetzen. Andererseits sollten gute Eingliederungshilfen wie etwa das Budget für Arbeit öfter und zielgerichteter eingesetzt werden.
- Das Wirtschaftsmandat der WfbM muss kritisch hinterfragt werden. Begriffe wie «wirtschaftlich verwertbare Arbeitsleistung» schließen schwerbehinderte Menschen vom Zugang zu Werkstätten aus. Weiterhin führt der wirtschaftliche Zugzwang der Werkstätten dazu, dass diese kaum Interesse daran haben, ihre besten Beschäftigten auf den allgemeinen Arbeitsmarkt zu vermitteln – denn sie brauchen deren (billige) Arbeitskraft.
- Die Wertschätzung der Arbeit von Werkstattbeschäftigten sollte sich auch in einer adäquaten Entlohnung – geringstenfalls auf Mindestlohnniveau – ausdrücken. Auch die Arbeitnehmer*innenrechte der Beschäftigten müssen gestärkt werden.
- Das momentane Finanzierungssystem der Werkstätten verhindert durch seine Struktur eine erfolgreichere Vermittlung der Beschäftigten auf den allgemeinen Arbeitsmarkt und muss grundlegend überarbeitet werden.
- Arbeitgeber*innen sollten sich nicht von Inklusion freikaufen können. Die momentane Regelung der Ausgleichsabgabe führt zur verstetigten Exklusion von Menschen mit Behinderungen. Eine Alternative wäre die verpflichtende Beschäftigung einer bestimmten Quote von behinderten Mitarbeitenden, und zwar ohne Wenn und Aber. Gleichzeitig

muss die innerbetriebliche Förderung und Ausbildung besser subventioniert werden – denn das führt in vielen Fällen zu einer erfolgreichen Vermittlung auf den allgemeinen Arbeitsmarkt.

- Behinderte Menschen, die ein Interesse an einer sozialversicherungspflichtigen Anstellung haben, brauchen bessere Unterstützung. Dazu gehört sowohl die Vermittlung von Berufspraktika und anderen qualifizierenden Maßnahmen als auch ein einfacher und kostenloser Rechtsbeistand, wenn es um die Beantragung und Bewilligung von Arbeitsteilhabeleistungen geht.

- Die wichtigste Zielsetzung der WfbM ist die langfristige Vermittlung von Werkstattbeschäftigten auf den allgemeinen Arbeitsmarkt. Staatliche Subvention sollte folglich auch auf dieses Hauptanliegen ausgerichtet und an die Einhaltung der gesetzlichen Vorgaben gebunden sein.

Selbstbestimmt leben?

 Raul Krauthausen @raulde

«Auch nichtbehinderte Menschen haben das Recht, selbstbestimmt mit behinderten Menschen zusammenzuleben.»

Im Jahr 2016 habe ich in Kooperation mit der Aktivist*innengruppe AbilityWatch ein Selbstexperiment gewagt, indem ich fünf Tage lang undercover in ein Behindertenheim eingezogen bin.[1] Ich wollte die öffentliche Aufmerksamkeit darauf lenken, wie es sich anfühlt, in einer vollstationären Einrichtung zu leben – wohl wissend, dass meine Erfahrung unter ganz anderen Voraussetzungen gemacht werden würde als die der Menschen, die dauerhaft dort untergebracht sind und oft keine Alternative haben.

Der Hintergrund dieser Aktion war ein Protest gegen das damals geplante Bundesteilhabegesetz, das eigentlich den Schritt raus aus dem Fürsorgesystem hin zu einem Teilhabesystem markieren sollte. Mit dem Bundesteilhabegesetz wurden viele gute und sinnvolle Reformen angeregt, doch einige Neuerungen haben auch die Alarmglocken laut läuten lassen. In dem damaligen Gesetzesentwurf war ein wichtiger Grundsatz nicht enthalten, den das Sozialgesetzbuch vorschreibt, nämlich «ambulant vor stationär». Das bedeutet: Wenn möglich, wurde der Versorgung zu Hause vor der Unterbringung im Heim der Vorzug gegeben – beispielsweise durch eine persönliche Assis-

tenzperson, die individuelle Unterstützung im Alltag gewährleisten kann. In dem Entwurf des neuen Bundesteilhabegesetzes fiel dieser Grundsatz weg, stattdessen sollte auf die Kosten
geschaut werden: Wenn die Unterbringung in stationären
Einrichtungen billiger ist als die Assistenzleistungen zu Hause,
dann übernimmt der Staat die Kosten für Letzteres nur noch in
gleicher Höhe. Das kann aber unter Umständen für den individuellen Unterstützungsbedarf zu wenig sein, wodurch nur die
vollstationäre Option bleiben würde. In diesem Falle ist eine
Zumutbarkeitsprüfung vorgesehen, aber dabei wird letztendlich fremdbestimmt über die Möglichkeit eines selbstbestimmten Lebens geurteilt. Seit 2020 wird zwar offiziell nicht mehr
zwischen ambulanten und stationären Leistungen unterschie-
den und die gewünschte Wohnform soll «besonders gewür-
digt» werden. Sind die Kosten dafür aber sehr hoch, greift immer noch die Zumutbarkeitsprüfung – es gibt also immer noch
Einschränkungen im sogenannten «Wunsch- und Wahlrecht».[2]

Die Einrichtung, in die ich mit einer geborgten Identität ein-
geschleust wurde, erinnerte an ein Krankenhaus oder ein Al-
tersheim – alles war lieblos und steril, vor allem auf Funktiona-
lität ausgelegt. Das Pflegepersonal war zwar nett und durchaus
bemüht, aber bei manchen ganz selbstverständlichen Dingen
kam der Dienstplan dazwischen. Der Betreuungsschlüssel: drei
Betreuer*innen auf acht Bewohner*innen – es fehlt schlicht
die Kapazität, auf individuelle Wünsche einzugehen. Mir wurde beispielsweise empfohlen, zwischen 21 Uhr 30 und 22 Uhr
schlafen zu gehen, weil anschließend Schichtwechsel anstün-
de und die nötige Assistenz dann schwierig durchzuführen sei.
Auch bei der Unterstützung durch das Personal kam ich an meine Grenzen – zum Beispiel als ich nach mehrmaliger Bitte um
Unterstützung beim Toilettengang auf später vertröstet wurde.
Die Pfleger*innen waren gerade noch mit einer anderen Aufgabe beschäftigt. Ich hatte außerdem während meiner Zeit im

Behindertenheim das Gefühl, meine Privatsphäre zu verlieren, denn als ich nach langem Warten zur Toilette gebracht wurde, ließ der Pfleger die Tür offenstehen. Mir wurde schnell klar, wie abhängig ich in dieser Pflegeeinrichtung war – wenn ich beispielsweise einen Joghurt essen wollte, musste ich eine*n Pfleger*in darum bitten, mir den abgeschlossenen Kühlschrank zu öffnen. Selbstbestimmte Entscheidungen zu treffen, war oft schlichtweg nicht möglich. Die anderen Heimbewohner*innen hatten sich aber anscheinend schon an solche Zustände gewöhnt. Einer erzählte mir, dass ihm seine momentane Sitzposition Unbehagen bereite und er umgesetzt werden wollte, die Pfleger*innen wären aber gerade beim Rauchen. Als ich vorsichtig nachfragte, ob das nicht doof sei, wenn man nicht richtig sitzt und es vielleicht sogar wehtut, erwiderte er trocken: «Ja, und für die Raucher ist das doof, wenn man gestört wird.»[3]

Bei allem Unbehagen möchte ich doch betonen, dass ich das Behindertenheim nicht als Gefängnis wahrgenommen oder mich in irgendeiner Weise unsicher gefühlt habe. Leider gibt es aber auch viele Fälle, in denen behinderte Menschen in Heimen Gewalt erfahren mussten. Am 28. April 2021 ermordete eine Pflegehelferin im Potsdamer Oberlinhaus vier behinderte Menschen mit einem Messer und verletzte eine weitere Person schwer. Diese grausame Tat, die viel Aufmerksamkeit erregte, wurde aber auch heruntergespielt und verharmlost. Das von mir mit angestoßene journalistische Rechercheprojekt #Ableismustötet hat zahlreiche Gewaltfälle an behinderten Menschen in vollstationären Pflegeeinrichtungen dokumentiert und aufgearbeitet.[4] In diesem Kontext spielt nicht nur der Zusammenhang zwischen der Geringschätzung von Behinderten und personaler Gewalt eine Rolle, sondern auch das Phänomen der strukturellen Gewalt: Einschränkungen im Alltag, Fremdbestimmung und Bevormundung erhöhen die Gefahr, dass Betroffene auch direkte Formen von Gewalt erfahren.[5]

Das Machtgefälle zwischen behinderten Bewohner*innen und nichtbehindertem Pflegepersonal bedingt dabei in besonderer Weise einen Missbrauch der Abhängigkeiten. Damit möchte ich nicht andeuten, dass das Pflegepersonal in solchen Einrichtungen per se Menschen mit Behinderungen unterdrückt. Der überwiegende Teil der Pflegenden macht unter schwierigen Umständen jeden Tag aufs Neue einen großartigen Job, der viel zu wenig anerkannt wird. Ich möchte jedoch auch klar herausstellen, dass Gewalttaten gegen Menschen mit Behinderungen keine Einzelfälle sind, sondern mit der institutionellen Struktur von geschlossenen Systemen – wie zum Beispiel Behindertenheimen – zusammenhängen. Auffällig ist außerdem, dass die mediale Bewertung der Vorfälle fast ausschließlich durch nichtbehinderte Menschen vorgenommen wurde: Polizeikräfte, Pfarrer, Journalist*innen, Pfleger*innen. Aber von den Betroffenen kam kaum jemand zu Wort.

Selbstbestimmt heißt nicht ohne fremde Hilfe

Die Abhängigkeit und Fremdbestimmtheit während meines Heimexperiments hat mich mitgenommen, denn es war ein krasser Kontrast zu meinem Alltag. Ich lebe seit vielen Jahren selbstständig in Berlin und werde bis zu 12 Stunden am Tag durch eine bzw. mehrere Assistenzpersonen begleitet. Sie sind meine Arme und Hände, unterstützen mich beim Duschen und dem Toilettengang, beim Kochen, Einkaufen, Wäschewaschen und Ins-Kino-Gehen – bei all den Dingen, die mir sonst aufgrund meiner Behinderung schwerfallen würden. Das heißt nicht, dass diese Menschen meine Diener*innen sind, die mir auf Knopfdruck jeden Wunsch von den Lippen ablesen. Wir arbeiten zusammen, und sie ermöglichen mir Selbstständigkeit. Ähnlich wie bei meinem Rollstuhl sehe ich die Assistenz nicht als Krankenleistung, sondern vielmehr als Ermöglichung eines selbstbestimmten Lebens. Nicht ohne Grund habe ich im Kontext von Behindertenheimen von «Pflegepersonal» gesprochen und verwende nun den Begriff «Assistenz». In dieser Konstellation kann ich – ohne an Dienstpläne gebunden zu sein – meine Schlafenszeit selbst festlegen. Ich kann frei und selbstbestimmt wählen, was ich wann essen möchte, was ich wann unternehmen möchte, und ich kann sicherstellen, dass meine Intimsphäre – so gut es möglich ist – geachtet wird. Und ich kann in meinen eigenen vier Wänden leben statt in einem geschlossenen System.

Assistenzleistungen, wie ich sie erhalte, können durch das sogenannte Persönliche Budget finanziert werden. Wie oben beim Verweis auf das Bundesteilhabegesetz schon angedeutet, ist das Persönliche Budget eine alternative Leistungsform zur stationären Betreuung – statt sich von einem Pflegedienst oder in einem Heim betreuen zu lassen, kann man sich vom staatlichen Kostenträger direkt Geld auf das eigene Konto überweisen lassen. Über die Verwendung dieses Budgets kann man als behinderter oder chronisch kranker Mensch frei verfügen und selbstständig als Arbeitgeber*in Personal anstellen. Die Anwendungsbereiche solcher Budgets sind nicht auf die häusliche Pflege oder Assistenz begrenzt, sondern können beispielsweise auch als Arbeits-, Schul- oder Studienassistenz genutzt werden.[6] Ein großes Problem beim Persönlichen Budget besteht darin, dass behinderte Menschen, die auf Assistenz angewiesen sind, nur ein bestimmtes Vermögen ansparen dürfen. Früher musste Vermögen, das die Grenze von 2600 Euro überstieg, an die Kostenträger der Assistenzleistung – also beispielsweise das Sozialamt – abgegeben werden. Mittlerweile ist dieser Betrag auf 50 000 Euro angehoben worden. Wenn man bedenkt, dass viele behinderte und chronisch kranke Menschen lebenslang auf Assistenz angewiesen sind, ist aber auch dieser Betrag radikal ungerecht. Wie soll man mit einem Freibetrag von 50 000 Euro ggf. einen Bausparvertrag, die private Rentenvorsorge und die Studienfinanzierung des Nachwuchses ermöglichen? Die Deckelung des Vermögens aus eigener Arbeit – nicht aus Sozialleistungen (!) – verstärkt den ohnehin schon engen Zusammenhang zwischen Behinderung und Armut zusätzlich. In diesem Punkt geht das Bundesteilhabegesetz zwar in die richtige Richtung, aber nicht weit genug.

Eine gute Neuerung brachte das Bundesteilhabegesetz mit der Etablierung der sogenannten Ergänzenden unabhängigen Teilhabeberatung (EUTB) im Jahr 2018. Dieses vom Bund geförderte Angebot richtet sich an behinderte oder von Behinderung bedrohte Menschen, die auch im Umgang mit Reha-Trägern und Leistungserbringern vermitteln können – und zwar ohne direkt mit diesen Stellen zusammenzuhängen. Die EUTB-Stellen sollen allein der Hilfe suchenden Person verpflichtet sein. Neben dem wichtigen Punkt der Unabhängigkeit gibt es auch die Möglichkeit, sich im Rahmen des *Peer-Counseling* von Menschen mit Behinderungen «auf Augenhöhe» beraten zu lassen, die Erfahrungen aus erster Hand teilen und Expert*innen in eigener Sache sind. Die über 500 EUTB-Stellen können beispielsweise bei der Beantragung eines Schwerbehindertenausweises helfen, sie können über Eingliederungsoptionen auf dem allgemeinen Arbeitsmarkt und den Ausstieg aus dem Werkstattsystem informieren und bei der Planung eines Persönlichen Budgets zur Hand gehen.[7] Sie dürfen allerdings keinen Rechtsbeistand leisten, und auch bei Klage- oder Nichtbewilligungsverfahren sind sie außen vor.

Die Grundidee der EUTB ist, die Selbstbestimmtheit von Menschen mit Behinderungen zu stärken.[8] Interessanterweise kommt in der deutschen Übersetzung der UN-Behindertenrechtskonvention der Begriff «Selbstbestimmtheit» aber nicht vor. «*Independence*» und «*Independent Living*» werden stattdessen wörtlich mit «Unabhängigkeit» und «unabhängige Lebensführung» übersetzt. Dies ignoriert eine besondere Begriffsgeschichte: Seit den 1960er- und 1970er-Jahren ist «*Independent Living*» das zentrale Ziel der Behindertenrechtsbewegung, die sich im Zuge der Bürgerrechtsbewegung in dieser Form zunächst in den USA formierte. In der deutschen Politisierungsgeschichte der Behindertenrechtsbewegung wurden diese Ideen unter dem Label «Selbstbestimmt-Leben-Bewegung» aufgenommen. (Auf die Politisierung der Behindertenbewegung in Deutschland werden wir später noch einmal zurückkommen.)

Wie schon im Bereich der Bildung angesprochen, existiert eine Schattenübersetzung der UN-BRK[9], die deren Übersetzungsmängel beheben will. Dort kommt der Begriff «Selbstbestimmung» nicht nur in der Präambel und den allgemeinen Grundlagen vor, sondern auch in zahlreichen anderen Artikeln, die beispielsweise Themen wie «Barrierefreiheit», «persönliche Mobilität» sowie «Habilitation und Rehabilitation» betreffen – Artikel 19 ist in der Schattenübersetzung sogar mit «Selbstbestimmt Leben und Einbeziehung in die Gemeinschaft» überschrieben. Die mangelhafte Umsetzung der UN-BRK bezüglich der Ermöglichung eines selbstbestimmten Lebens für behinderte Menschen spielte bisher bei allen «ungelösten Fragen der Inklusion» eine Rolle. Darüber habe ich mit Theresia Degener gesprochen, die persönlich bei der Ausarbeitung der UN-BRK mitgewirkt, den Inklusionsaktivismus in Deutschland entscheidend geprägt hat und sich seit Jahrzehnten wissenschaftlich mit dem Thema Selbstbestimmung auseinandersetzt. Im Gespräch legt Theresia Degener nicht nur ihre Beurteilung der BRK-Umsetzung dar, sondern gibt auch konkrete Antworten auf drängende sozialpolitische Fragen, die sich aus einer Kritik der bisherigen institutionalisierten Struktur ergeben.

Build back better – **Theresia Degener**

THERESIA DEGENER **ist Juristin und Professorin für Recht und Disability Studies in Bochum. Sie hat als Aktivistin bei der Durchführung des «Krüppeltribunals» den deutschen Staat verklagt und als Vertreterin Deutschlands die UN-Behindertenrechtskonvention mit ausgearbeitet.**

Raúl: Liebe Theresia, du hast für Deutschland die UN-BRK ausgehandelt. Wie beurteilst du die derzeitige Situation in Deutschland – ist die Konvention umgesetzt worden?

Theresia Degener: Auch wenn wir noch nicht so weit sind, wie wir es uns vielleicht wünschen: Im Zuge der Umsetzung der UN-BRK wurde viel erreicht. Es gibt spezifische Problemfelder, die uns in Deutschland immer noch umtreiben. Zum einen betrifft das den hohen Grad der Segregation in Schulen und Bildungseinrichtungen – wir haben immer noch eine der weltweit höchsten Exklusionsquoten und ein dicht ausgebautes Sonderschulsystem. Das Gleiche gilt für die Institutionalisierung, also die Aussonderung von behinderten Menschen in Sondereinrichtungen wie Wohnheimen und Behindertenwerkstätten, die vor allem Menschen mit sogenannten kognitiven Beeinträchtigungen und komplexen Mehrfachbehinderungen betrifft. Weiterhin entspricht unser Betreuungsrecht nicht den Vorgaben der UN-BRK – etwa in Sachen Zwangsbehandlung und fremdbestimmte Stellvertretung. In diesem letztgenannten Bereich bin ich hoffnungsvoller auf eine zeitnahe Änderung als bei den vorherigen Punkten, aber Fakt ist: Auch viele Jahre nach dem Inkrafttreten der UN-BRK in Deutschland haben wir es nicht geschafft, Strukturen abzuschaffen, die behinderte Menschen diskriminieren und abschotten.

Raúl: Die UN-BRK fordert, diese Systeme abzubauen, und der UN-Fachausschuss für die Rechte von Menschen mit Behinderungen moniert die fehlende Umsetzung auch in seiner Staatenprüfung.[10] Warum fällt uns Inklusion in Deutschland in manchen Bereichen so schwer?

Theresia Degener: Da spielen mehrere Faktoren eine Rolle. Ein wichtiger Punkt ist sicherlich, dass die Aussonderung behinderter Menschen in Deutschland eine lange Tradition und eine kulturelle, wirtschaftliche und politische Verwurzelung hat. Der Hintergrund einer massenhaften Internierung und Tötung von behinderten Menschen als «Lebensunwertes Leben» wirkt immer noch auf unsere Kultur und unsere gesellschaftlichen Strukturen nach. Nur damit ich nicht falsch verstanden werde: Ich möchte in keiner Weise andeuten, dass wir in einer Zeit wie der des Nationalsozialismus leben oder dass dieses Gedankengut heutzutage noch weitverbreitet wäre. Aber trotzdem müssen wir uns immer wieder daran erinnern und uns damit auseinandersetzen.

Raúl: Nach dem Zweiten Weltkrieg wurde in Deutschland das Wohlfahrtssystem geschaffen, das eine Wiederholung dieser Ereignisse verhindern sollte. Nach damaliger Auffassung der Sozialforschung war das vielleicht ein gut gemeinter Ansatz, aber ich bin der Meinung, dass viele unserer heutigen Probleme sich auf dieses System zurückführen lassen.

Theresia Degener: Die Wohlfahrtsverbände sind in Deutschland starke Sozialwirtschaftsakteure und verhindern eine wirkliche Inklusionswende in Deutschland. Sie erhalten und schaffen immer noch aussondernde Räume. Denn auch wenn die großen institutionalisierten Wohnheime und Werkstätten kleiner werden, so wissen wir aus der Inklusionsforschung, aus der menschenrechtsbasierten Selbstbestimmt-Leben-Forschung und den Disability Studies heute, dass diese aussondernden Stätten nicht nur aus Mauern und Zement bestehen, sondern dass es um die Strukturen dahinter geht. Es geht um die Rechte der Menschen, die in diesen Kontexten leben und arbeiten. Und es geht um die Haltung derjenigen, die diese Systeme – bewusst oder unbewusst – aufrechterhalten. Durch den Mangel an menschenrechtsbasierten Alternativangeboten, die behinderten Menschen ein selbstbestimmtes Leben ermöglichen könnten, entsteht bei vielen Angehörigen etwa der Eindruck, dass die bestehenden Sonderräume die beste Option für die Betroffenen sind.

Raúl: Und das sind sie nachweislich nicht – das zeigen zahlreiche Studien.[11] Du hast den Satz geprägt: «Aus Sonderschulen kommt man behinderter raus als rein.»[12]

Theresia Degener: Und diese Aussage würde ich auch auf Wohnheime und Werkstätten ausweiten. Es gibt in der Psychologie das Konzept der «Erlernten Hilflosigkeit» – in diesen Institutionen könnte man auch von «Verordneter Hilflosigkeit» sprechen.

Raúl: Als Kind musstest du als «Ohnarmerin» selbst ins Heim, weil du Prothesen verweigert hast – du weißt also, wovon du sprichst. Ich habe vor einigen Jahren einen Selbstversuch gemacht und fünf Tage in einem Heim verbracht. Was mich dabei am meisten schockiert hat, war der hohe Grad an Fremdbestimmtheit. Menschen in solchen Institutionen können oftmals noch nicht einmal bestimmen, mit wem sie zusammenleben.

Theresia Degener: Und das stellt eine Verletzung des Artikels 19 der UN-BRK dar, der das Recht des selbstbestimmten Lebens festlegt – Gleiches ist in unserem Sozialgesetzbuch verankert. Es gibt eine Expert*innengruppe der Europäischen Kommission zur Deinstitutionalisierung, die vor einigen Jahren gute Richtlinien vorgelegt hat.[13] Ein Punkt dieser Richtlinien besagt: Immer dann, wenn mehr als vier Menschen zusammenwohnen, die sich ihre Mitbewohner*innen nicht ausgesucht haben, sprechen wir von Fremdbestimmung und damit von Heimen. Meiner Meinung nach ist nicht die Zahl der springende Punkt, sondern die freie Wahlmöglichkeit. Aus diesem Grund finde ich auch den Vergleich von Behinderteneinrichtungen mit Studierendenwohnheimen irreführend. Erstens können Student*innen frei wählen, wo und wie sie leben wollen. Zweitens würde nie jemand auf die Idee kommen, Studierendenwohnheime als Dauerlösung zu betrachten. Ich kann mir durchaus vorstellen, dass Wohnheime für behinderte Menschen auch in der Zukunft noch eine Daseinsberechtigung haben – aber es muss verankert werden, dass dies immer nur Übergangslösungen sein können. Hinter der Unterbringung im Behindertenwohnheim muss ein zeitlich befristeter Zweck stehen – analog zum Studium in den Studierendenwohnheimen also beispielsweise eine weitergehende Rehabilitationseinrichtung, die dann wiederum zum selbstbestimmten Leben befähigen sollte.

Raúl: Du hast schon angesprochen, dass für Angehörige oft Alternativen zur Unterbringung in Heimen fehlen – gerade wenn es um schwerst- oder mehrfachbehinderte Menschen geht. Welche sozialpolitischen Maßnahmen hältst du für angemessen, um hier strukturell etwas zu ändern?

Theresia Degener: Unterstützer*innen in der Familie dürfen nicht alleingelassen werden. Auch heute wird *Care*-Arbeit noch zum überwiegenden Teil von Frauen geleistet – und von ihnen wird zum Teil Unmenschliches verlangt. Diese Frauen müssen das Recht haben, mit ihren behinderten Familienmitgliedern zu Hause zu leben, und zwar ohne dabei ihre eigenen Interessen aufzugeben. Die bessere Unterstützung von Eltern und Familienangehörigen muss ein zentraler Punkt der Sozialpolitik sein.

Ein zweiter Vorschlag wäre eine Rechtsreform: Wirtschaftsrecht sollte ohne Ausnahmen auch auf die sozialwirtschaftlichen Verbände angewendet werden. Innovationen und neue Strukturen werden sich in einer Marktwirtschaft nicht durchsetzen, wenn die bestehenden sozialwirtschaftlichen Akteure als gemeinnützig gelten und daher bestimmte Auflagen nicht erfüllen müssen.

Wir sehen bei anderen großen Umwälzungen – etwa beim Atomausstieg oder dem Kampf gegen den Klimawandel –, welche gigantischen Anstrengungen nötig sind. In der Behindertenpolitik sehe ich diese Anstrengungen nicht – vor allem, weil die Sozialverbände einen solchen Wandel nicht vorantreiben *wollen*.

Raúl: Wie in so vielen anderen Bereichen ist eine Lieblingsreplik von Inklusionsgegner*innen das Kostenargument: «Wie sollen all diese Strukturänderungen nur finanziert werden?»

Theresia Degener: Gegen dieses Argument können wir mittlerweile 20 Jahre belastbare Forschung auf den Tisch legen.[14] Inklusive Alternativen zu bestehenden Systemen sind gesamtgesellschaftlich gesehen ökonomischer. Was wir uns (auch finanziell) nicht leisten können, sind zwei parallele Systeme. Es ist also eine Frage der Umbudgetierung. Solange wir Gelder in

Heime stecken, werden wir selbstbestimmtes Leben nicht finanzieren können.

Und um gleich den nächsten Einwand zu antizipieren: Das heißt nicht, dass bei einer Umverteilung von heute auf morgen alle Menschen aus Behindertenwohnheimen auf der Straße landen würden. Es gibt klare Konzeptionen, wie Deinstitutionalisierung für alle Beteiligten human gestaltet werden kann. Es muss ein Ausschleichen der Finanzierung von Heimen geben, und es muss einen begleiteten Übergang in gemeindenahes Wohnen geben.

Raúl: Viele Tausende Beschäftigte von Behinderteneinrichtungen würden im Falle einer Deinstitutionalisierung ebenfalls betroffen sein.

Theresia Degener: Niemand sollte gezwungen werden, diese Schritte mitzugehen – wir brauchen also adäquate Entwicklungsprogramme für diejenigen, die das nicht wollen oder können. Wenn ein System grundlegend verändert werden soll, dann müssen die Beteiligten eine sogenannte *cognitive readiness* vorweisen – Voraussetzung für echten Wandel ist neben dem Wissen und den passenden Fähigkeiten auch die Motivation aller Beteiligten. Ich will Menschen, die in Einrichtungen der Wohlfahrtsverbände arbeiten, nicht ihren guten Willen absprechen, Menschen mit Behinderungen zu unterstützen. Aber was sie kennen, ist die bevormundende Unterstützung, die das System vorgibt.

Wenn wir Freiräume schaffen wollen, dann müssen wir neue Wege gehen und die ausgetretenen Pfade hinter uns lassen. Ich habe bereits den Vergleich zu anderen großen Problemfeldern wie dem Klimaschutz gezogen. Wenn dort eine Katastrophe passiert, dann greift das *«Build back better»*-Prinzip: Wir müssen aus Fehlern lernen und daraus konkrete Vorgaben für die

Zukunft ableiten – dann gibt es echte Veränderungen. Ich warne immer wieder vor der Vergoldung der Käfige: Ziel unserer Anstrengungen dürfen nicht Maßnahmen sein, die die Situation in diskriminierenden Einrichtungen verbessern, denn dies verstetigt diese Strukturen.

Auch wenn wir in den bereits angesprochenen Problemfeldern der Behindertenpolitik noch viel zu tun haben, bin ich hoffnungsvoll – bei der Umsetzung der UN-BRK hat sich bereits viel getan und der Prozess der Inklusion wird weiter voranschreiten. Jetzt bietet sich die Chance für Wandel – die Chance, ein katastrophales System besser wiederaufzubauen.

Die politische Dimension der Selbstbestimmtheit

Die Auseinandersetzung und Konfrontation mit einem katastrophalen System ist nicht nur eine Aufgabe für die Zukunft, sondern hat auch die Politisierung der Behindertenrechtsbewegung in Deutschland maßgeblich bestimmt. Zu einer Zeit, wo die UN-BRK noch in weiter Ferne war, hat sich in den 1970er-Jahren eine Emanzipationsbewegung in Deutschland formiert, die sich aktiv gegen die soziale Benachteiligung von Menschen mit Behinderungen einsetzte. Die «Krüppelbewegung» ist ganz maßgeblich dafür mitverantwortlich, dass sich die Lebenssituation von behinderten Menschen in Deutschland – trotz aller bleibenden Missstände – in den letzten Jahrzehnten erheblich verbessert hat. Schon in der gewählten Selbstbezeichnung wird deutlich, dass diese Bewegung mit einem neuen Selbstbewusstsein und ohne Scheu vor der Konfrontation der Gesellschaft den Spiegel vorhalten wollte. «Krüppel» ist ein mittlerweile veralteter Begriff für körperlich behinderte Menschen gewesen. In der Behindertenbewegung der 1970er-Jahre wurde diese derogative Bezeichnung unter einer neuen Perspektive vereinnahmt:

«Wir nennen uns Krüppel und sprechen damit aus, was Nichtbehinderte über uns nur denken. Bei dieser Bezeichnung kann über das Machtgefälle nicht hinweggegangen werden, wie es beim seichten, beschönigenden *behindert* geschieht.»[15]

Mit diesem Angriff auf die diskriminierende Mehrheitsgesellschaft wurde nicht nur die strukturelle Grundproblematik des Umgangs mit behinderten Menschen angeprangert, sondern auch die Grundlage für eine politische Identitätsbildung der Behindertenbewegung und einzelner Aktivist*innen geschaffen. Anhänger*innen der Bewegung gründeten politische Gruppen, organisierten Demonstrationen und führten Aktionen wie Straßenblockaden, Hausbesetzungen und Ähnliches durch. Provokante Slogans wie «Jedem Krüppel seinen Knüppel» sollten nicht zur Gewalt aufrufen, sondern vielmehr Weckrufe für die Politisierung behinderter Menschen sein. Die Überzeugung dahinter war: «Gesellschaft ändert sich nur, wenn wir sie ändern und unsere Teilhaberechte durchsetzen.»[16]

Ein weiterer wichtiger Meilenstein war das sogenannte Krüppeltribunal, in dem unter anderem Theresia Degener eine tragende Rolle spielte. 15 «Krüppelgruppen» formulierten 1981 öffentliche Anklagepunkte, die etwa strukturelle Benachteiligung, Entmündigung und Isolation behinderter Menschen in Sonderräumen anprangerten. Auch wenn diese Aktion nicht zu großen unmittelbaren realpolitischen Veränderungen führte, so legte sie doch den Finger in die Wunde zentraler Problemfelder, die Behinderten- und Menschenrechtsaktivist*innen bis heute beschäftigen. Mein nächster Gesprächspartner, Horst Frehe, ist einer der gedanklichen Väter der Krüppelbewegung und hat später die bereits erwähnte Selbstbestimmt-Leben-Bewegung mit formiert. Mit ihm habe ich darüber gesprochen, inwiefern der Prozess der politischen Identitätsfindung auch heute noch relevant für behinderte Menschen ist und wie wir eine adäquate politische Repräsentation, Partizipation und Selbstvertretung für *alle* Menschen mit Behinderung erreichen können.

«Barrieren in den Köpfen können nur durch Selbstvertretung überwunden werden» – Horst Frehe

HORST FREHE ist Behinderten- und Gesellschaftsaktivist. Er war unter anderem an der «Krüppelbewegung» beteiligt und engagiert sich in der Selbstbestimmt-Leben-Bewegung[17]. Er war 16 Jahre lang Richter am Sozialgericht und lehrt an zahlreichen Universitäten. Als Politiker war er Abgeordneter der Bremischen Bürgerschaft für Bündnis 90/ DIE GRÜNEN und Staatsrat im Sozialressort.

Raúl: Lieber Horst, seit einem Unfall mit 15 Jahren bist du querschnittgelähmt. In einem anderen Interview[18] hast du gesagt, dass du in der anschließenden Reha eine Einsicht hattest.

Horst Frehe: Mir wurde klar, dass man mit meiner Beeinträchtigung nur zwei Optionen hat: Entweder man nimmt sein Leben komplett in die eigene Hand und kämpft, oder man geht unter.

Raúl: Du hast dich für den Kampf entschieden – und dein Kampf galt nicht nur deiner eigenen Situation, sondern einem größeren gesellschaftspolitischen Zusammenhang.

Horst Frehe: Mir war immer wichtig, dass ich als behinderter Mensch nicht nur auf diese Behinderung zurückgeworfen werde. Behindertenpolitik ist Teil eines größeren gesellschaftlichen Wandels, in dem sozialpolitische und menschenrechtliche Aspekte eine tragende Rolle spielen.

Raúl: Wie lief deine eigene Politisierung ab?

Horst Frehe: Ein ganz wichtiger Baustein war sicher der sogenannte Krüppelstandpunkt, den ich zusammen mit Franz Christoph entwickelt habe. Die Grundidee war, dass wir Menschen mit Behinderungen unsere gesellschaftliche Unterdrückung nur überwinden können, wenn wir auf Konfrontationskurs mit der Gesellschaft gehen und uns nicht an Nichtbehinderten orientieren, sondern uns selbst mit unseren eigenen Unzulänglichkeiten konfrontieren. Dazu gehörte auch eine starke Abgrenzung, die durch die «Krüppelgruppen» realisiert wurde. In diesen geschlossenen Gruppen waren Nichtbehinderte außen vor.

Raúl: Ist dieser Prozess der Selbstfindung der Behindertenbewegung aus deiner Sicht abgeschlossen, oder brauchen wir diese Abgrenzung heute erst recht?

Horst Frehe: Grundsätzlich glaube ich, dass die Selbsterfahrung des Loslösens von den Anforderungen Nichtbehinderter und das Zusammenfinden in *Safe Spaces* immer wichtig sein wird. Nur durch diesen Abgrenzungsprozess können Menschen einen eigenen Standpunkt entwickeln und ihre bisherigen Perspektiven hinterfragen – etwa wenn sie Standpunkte der Mehrheitsgesellschaft unbewusst übernommen haben, die ihre Selbstbestimmung und ihre Inklusion gefährden. Für Menschen wie mich, die sich seit Jahrzehnten so politisiert haben, ist dieser Prozess in der Tat irgendwann abgeschlossen, aber er muss gesamtgesellschaftlich immer wieder und wieder neu durchlaufen werden.

Raúl: Sind solche *Safe Spaces* auch innerhalb der Behindertenbewegung notwendig?

Horst Frehe: Wenn spezifische Themen diskutiert werden sollen, auf jeden Fall. Geht es etwa um sexuelle Unterdrückung und die Selbstentfaltung behinderter Frauen, dann sollte das auch primär von behinderten Frauen ausgehandelt werden – behinderte und nichtbehinderte Männer haben bei der initialen Ausbildung eines eigenen Selbstbildes genauso wenig mitzusprechen wie nichtbehinderte Frauen.[19]

Raúl: Durch diese Abgrenzung kommt es also zur Ausbildung eines Selbstbildes – wie wird das dann politisch wirksam?

Horst Frehe: Aus diesen Anfängen entwickelt sich die Selbstvertretung: Nur wenn behinderte Menschen für ihre eigenen Belange und Interessen einstehen, kann sichergestellt werden, dass diese auch adäquat beachtet und umgesetzt werden. Wir brauchen immer noch mehr behinderte Menschen in den Parlamenten. Ich selbst war vier Jahre lang in der Bremischen Bürgerschaft tätig und habe erlebt, wie wichtig diese Vertretung ist. Ein Beispiel: Während meiner parlamentarischen Zeit in Bremen gab es eine heftige Diskussion um die barrierefreie Gestaltung des ÖPNV. Wir haben uns schlussendlich mit der Forderung durchgesetzt, dass in Bremen als erste Stadt keine neuen Busse mehr gekauft werden dürfen, die nicht barrierefrei ausgestattet sind. Und da war es essenziell, dass ich den Leuten die Zusammenhänge nicht nur theoretisch erklären, sondern auch praktisch vorführen konnte.

Raúl: Brauchen wir für diese politische Beteiligung feste Quoten? Ich sehe das im Falle der Behindertenbewegung kritisch, weil die Gefahr besteht, dass es dann nur noch darum geht, Positionen symbolträchtig mit einer behinderten Person zu besetzen, statt sich tiefer mit der Materie auseinanderzusetzen – das wäre eine Form des Tokenismus[20]. Es kann aber doch nicht nur darum gehen, behinderte Personen in die Parlamente zu bringen, sondern diese müssen auch qualifiziert sein.

Horst Frehe: Vollkommen richtig – und die Zahl der qualifizierten behinderten Politiker*innen ist leider immer noch zu gering. Ein Ansatz wäre, behinderte Menschen durch Beratung weiterzubilden. Ich bin beispielsweise in der Selbstbestimmt-Leben-Bewegung engagiert, die sich für Selbstbestimmung, Selbstvertretung, Inklusion und *Empowerment* einsetzt. Die Grundlagen für diese Bewegung kamen aus den USA (dort *Independent-Living*-Bewegung) und beinhalteten einen Perspektivwechsel: Es geht nicht mehr um die Verbesserung von Sozialleistungen, sondern um einen menschenrechtlichen Gleichstellungsansatz und den Kampf gegen Diskriminierung. Das ist bis heute auch für Selbstvertreter*innen in der Politik eine wichtige Leitlinie.

Raúl: Wenn wir über Teilhabe sprechen, gibt es ein Thema, das für mich bis heute als ungelöst gilt: die politische Partizipation von Menschen mit sogenannten kognitiven Einschränkungen. Bei der Bundestagswahl 2021 durften sie nach einem Beschluss des Verfassungsgerichts erstmals wählen. Von vielen Nichtbe-

hinderten – und teilweise sogar von den eigenen Familienmitgliedern – wurde angezweifelt, dass diese Personen überhaupt
eine ausgewogene Wahlentscheidung treffen können.[21]

Horst Frehe: Die Solidarität gebietet es, dass Menschen mit sogenannten kognitiven Einschränkungen an freien Wahlen beteiligt werden. Wir müssen sicherstellen, dass entsprechendes
Informationsmaterial zur Wahl und den politischen Parteien
barrierefrei vorliegt – das heißt auch in Leichter Sprache.

Die von dir angesprochene Bevormundung mancher Angehörigen wundert mich nicht: Viele nichtbehinderte Eltern
glauben, dass sie am besten wüssten, was für ihr behindertes
Kind gut ist und was nicht – ein nachvollziehbarer Schutzme-
chanismus, der aber auch kontrollierend ist und der Selbstbestimmung im Wege stehen kann. Dieses Problem spielt auch
eine wichtige Rolle, wenn es um die Vertretung von Rechten
für Menschen geht, die vielleicht so stark eingeschränkt sind,
dass sie dies nicht für sich selbst übernehmen können. Den-
noch sind wir die besseren Unterstützer als die Eltern.

Raúl: Daran möchte ich eine (durchaus kontroverse) These anschließen: Menschen mit ähnlicher Diskriminierungs- und Er-
fahrungsgeschichte könnten in solchen Fällen Menschen mit
schweren (kognitiven) Einschränkungen ideell näherstehen als
Angehörige. Bei der letzteren Gruppe greifen genau die emotio-
nalen Mechanismen, die du gerade beschrieben hast.

Horst Frehe: Diese These würde ich sofort unterschreiben – oft
zeigt sich in diesem Beschützendeninstinkt die Arroganz von
Nichtbehinderten. Natürlich müssen wir die schützen, die sich
nicht selbst schützen können. Aber in einer automatischen Bevormundung durch Angehörige zeigen sich Vorurteile, die behinderte Menschen von der Mehrheitsgesellschaft absondern.

Diese Barrieren in den Köpfen können nur durch Selbstvertretung überwunden werden. Behinderte Menschen müssen in allen Bereichen des gesellschaftlichen und politischen Lebens präsent und wirksam werden, um diese Strukturen abzubauen. Das ist ein großer gesellschaftlicher Wandel, den die Behindertenbewegung aber mitgestalten kann und muss. Wir müssen uns politisieren, müssen zusammenrücken, müssen im Alltag und in den Parlamenten immer wieder für unsere Rechte eintreten. Dafür müssen wir den Dialog und die Begegnung mit Nichtbehinderten suchen, aber wir müssen uns auch *Safe Spaces* schaffen und erhalten. Nur so kann sich etwas ändern. Nur so können wir etwas ändern.

«Geht nicht» darf es nicht geben

Ich war und bin viel in Schulen unterwegs, um mit behinderten Kindern über ihre Selbstwahrnehmung und die besondere Wichtigkeit des Faktors Selbstbestimmtheit zu sprechen. Eine der Fragen, die ich Kindern stelle, lautet: «Was wollt ihr später mal werden?» Bei der Eröffnung einer Schule meldete sich ein Mädchen im Alter von vielleicht 14 Jahren und antwortete wie aus der Pistole geschossen: «Ich will Dressurreiterin werden!» Doch noch bevor ich sie bestärken und weiter nachfragen konnte, folgten zwei weitere Sätze, die mich sehr berührten und bis ins Mark erschütterten: «Aber das geht ja nicht, wegen meines Rückens. Das sagen die Ärzt*innen, die Lehrer*innen und meine Eltern.» Dieses Mädchen hatte schon in jungem Alter einen klaren und ausgebildeten Wunsch für ihre berufliche Zukunft – und erlegte sich selbst Einschränkungen wegen ihrer Behinderung auf, die ihr andere als absolut vermittelt hatten. Vielleicht hat mich das so getroffen, weil ich mich an meine eigene Jugend zurückerinnerte. Ich liebe meine Mutter sehr – aber in manchen Punkten hat sie mir auch eine sehr zurückhaltende und an der «harten Realität» orientierte Perspektive vermittelt. Ich musste dem Mädchen in dieser Situation deshalb antworten: «Was du kannst oder nicht kannst, das entscheidest am Ende nur du – und niemand sonst. Wenn deine Leidenschaft Pferde sind und du dann herausfindest, dass du aufgrund deines Rückens nicht reiten kannst, dann versuche trotzdem, so nahe wie möglich an Pferde heranzukommen und etwas in dem Bereich zu machen.» Dieses Erlebnis hat mir noch einmal vor Augen geführt, wie verbreitet die Kultur des «Geht nicht» ist. Wie sollen junge behinderte Menschen selbstbestimmt leben und sich entfalten, wenn ihnen von ihrem Umfeld seit frühster Kindheit Limitationen auferlegt werden? Auf der anderen Seite ist niemandem damit geholfen, an der Realität vorbeizuleben – nicht jede*r behinderte Mensch kann Dressurreiterin, Dachdecker[22] oder Astronaut*in werden. Aber wenn ein Mensch mit Behinderung einen Wunsch für die Zukunft hat, dann muss dieser auch ernst genommen und gefördert werden. Dabei geht es nicht nur um berufliche Perspektiven, sondern um Selbstbestimmung in allen Bereichen des Lebens. Wir brauchen kreative Zukunftsplanung, *Empowerment* und Wertschätzung statt Bevormundung. Wir brauchen eine praktische Methode, um der «Geht nicht»-Kultur etwas entgegenzusetzen.

Auf der Suche nach einer solchen Methode bin ich auf die «Persönliche Zukunftsplanung» gestoßen, die Menschen mit und ohne Beeinträchtigungen dabei unterstützen kann, was für sie ein guter und passender Lebensentwurf sein könnte.[23]

Wie genau eine Persönliche Zukunftsplanung abläuft und welche Potenziale sie für die Inklusion behinderter Menschen bereithält, darüber habe ich mit einigen Mitwirkenden des Netzwerks Persönliche Zukunftsplanung e.V. gesprochen.

«Sich selbst in die Welt bringen» –
Netzwerk Persönliche Zukunftsplanung e. V.

Das Netzwerk Persönliche Zukunftsplanung e. V.[24] ist ein Zusammenschluss von Menschen und Organisationen aus Deutschland, Österreich, Schweiz und Italien, der das Konzept der Persönlichen Zukunftsplanung kontinuierlich realisieren und weiterentwickeln will. Für das Netzwerk sprechen:

CAROLIN EMRICH – **Vorstand des Netzwerks, Moderatorin für Zukunftsplanungen, Dozentin**

NICOLETTE BLOK – **Moderatorin für Zukunftsplanungen, Dozentin, Mutter eines Sohnes mit Unterstützungsbedarf**

ELLEN KEUNE – **Koordinationskreis des Netzwerks, Selbstvertreterin, unterrichtet in einer HEP-Schule**

MAX KILIAN STEFFENS – **Koordinationskreis des Netzwerks, Selbstvertreter**

Raúl: Liebe Runde, ich bin gespannt, mehr von euch über die Persönliche Zukunftsplanung zu erfahren – denn ich glaube, dass sie eine wichtige Leerstelle im Prozess der Inklusion füllen könnte: Menschen mit Behinderungen ein selbstbestimmtes Leben zu ermöglichen, ohne sie dabei zu bevormunden oder einzuengen. Was macht die Persönliche Zukunftsplanung aus und wie ist sie entstanden?

Carolin Emrich: Ursprünglich kommt der Ansatz der Persönlichen Zukunftsplanung aus den USA und aus Kanada, wo in den 1980er-Jahren Menschen mit und ohne Behinderungen nach Möglichkeiten gesucht haben, ihr Leben stärker zu bestimmen. Das Menschenbild dahinter ist sehr auf Möglichkeiten und Stärken fixiert und soll den Hauptpersonen einen sicheren Raum schaffen, um eine für sie passende und schöne Zukunftsvorstellung mithilfe eines Unterstützungskreises zu erdenken, der beispielsweise aus Familienangehörigen, Freund*innen, Bekannten, Arbeitskolleg*innen und ggf. auch Fachleuten bestehen kann. Wichtig dabei ist: Die Hauptperson steht immer im Mittelpunkt und trifft alle Entscheidungen selbstbestimmt. Der gesamte Prozess ist darauf ausgerichtet, zentrale Fragen dieser Person in einem «Zukunftsfest» zu klären:

- Was ist mir wichtig im Leben?
- Was brauche ich, damit es mir gut geht?
- Was gibt mir Kraft?
- Was habe ich für Träume und Wünsche?
- Welche Unterstützung brauche ich?
- Wie stelle ich mir die bestmögliche Zukunft vor?

Eine Zukunftsplanung beschäftigt sich also zuerst damit, wer die Person im Fokus ist und welche Stärken sie mitbringt. Dann formuliert die Person Wünsche und Träume, die am Ende des Prozesses in einen Aktions- und Unterstützungsplan überführt werden.

Raúl: Gibt es für diesen Prozess einen festen methodischen Ablauf?

Carolin Emrich: Es gibt Methoden, die sich gut für die Persönliche Zukunftsplanung eignen. Dazu gehören beispielsweise die

Persönliche Lagebesprechung oder die Planungsformate MAPS und PATH.[25] Aber jede Planung läuft anders ab und richtet sich nach den Bedürfnissen der Hauptperson.

Raúl: Wie wird entschieden, wer zum Unterstützungskreis gehört?

Carolin Emrich: Die Zusammensetzung des Unterstützungskreises spielt eine wichtige Rolle und ist je nach Individuum verschieden. Idealerweise ist die Gruppe sehr divers und lässt verschiedene Perspektiven aus dem Umfeld der Hauptperson zu. Wichtig ist immer auch eine *Peer*-Vertretung. Die Moderator*innen überlegen im Vorfeld der Planung gemeinsam mit der Hauptperson, wer eingeladen werden soll. Wir hatten aber auch schon den Fall, dass bestimmte Personen nach Wunsch der Hauptperson explizit nicht eingeladen werden sollten – beispielsweise die allzu besorgte Mutter.

Nicolette Blok: Ich habe bei vielen Menschen mit schweren und Mehrfachbehinderungen erlebt, dass es ihnen schwerfällt zu reflektieren, was sie sich wünschen. Ihre Lebenswelt ist sehr klein, weil immer für sie gedacht und entschieden wurde. Besonders Eltern denken mit der Zeit immer mehr in Diagnosen als in Möglichkeiten. Wir versuchen, in den Zukunftsplanungen eine Atmosphäre zu schaffen, die klarmacht: Du bist frei in deinen Entscheidungen und kannst dir wünschen, was du willst.

Raúl: Interessant – dazu fällt mir eine kleine Anekdote ein. Meine Mutter hat mich nie in Watte gepackt – sie war sehr pragmatisch, so nach dem Motto «Wenn du dir was brichst, dann wächst das auch wieder zusammen.» Von allen meinen Knochenbrüchen war eigentlich nur einer selbst verschuldet: Ich wollte auf einem Glasknochen-Kongress unbedingt mit einer

Freundin Armdrücken ausprobieren. Das haben wir dann auch gemacht – bis mein Arm brach. Dieses Scheitern, diese Grenzüberschreitung war wichtig für mich. Heute würde ich niemand mehr zum Armdrücken herausfordern, aber damals war trotz aller Schmerzen klar: Das war meine Entscheidung.

Nicolette Blok: Und manchmal führt eine Grenzüberschreitung auch nicht zum Scheitern, sondern zu einer Antwort. Vor einiger Zeit habe ich eine Zukunftsplanung für einen jungen Mann moderiert, der aufgrund seiner kognitiven Einschränkungen kaum mit Sprache ausdrücken konnte, wie sehr ihn seine eingeengte Lebenssituation belastete. Sein Instinkt war, vor den Betreuer*innen wegzulaufen. Dies hat allerdings dazu geführt, dass immer mehr freiheitseinschränkende Maßnahmen für ihn implementiert wurden. Als wir mit diesem jungen Mann die Zukunftsplanung gemacht haben, war eine junge Frau Teil des Unterstützungskreises, die vorher kaum Kontakt zum Thema Behinderungen hatte. Sie hat den jungen Mann mit einem einfachen Satz erreicht: «Wenn es mir nicht gut geht, dann laufe ich auch immer.» Ein Ergebnis der Planung war, dass diese beiden regelmäßig zusammen laufen gehen.

Ellen Keune: Das Scheitern kann aber auch im Bereich der Zielsetzung eine Rolle spielen. Die Persönliche Zukunftsplanung ist immer personenzentriert. Und Personen können ihre Wünsche und Ansichten auch ändern. Bei jeder Planung ist deshalb wichtig, dass wir die Hauptpersonen in ihrem Mut animieren, ihr Leben neu zu denken. Und dieser Mut drückt sich eben auch darin aus, dass Scheitern – im Sinne von «es klappt nicht so, wie ich es mir vorgestellt habe» – eine Option ist.

Raúl: Ich würde gerne noch greifbarer machen, was bei einer Zukunftsplanung passiert. Lieber Kilian, du hast mehrmals Persönliche Zukunftsplanungen mitgemacht. Magst du uns davon erzählen?

Max Kilian Steffens: Ich muss zunächst ein wenig ausholen und von meinem Hintergrund berichten. Als ich die Persönliche Zukunftsplanung kennengelernt habe, war ich bereits seit mehreren Jahrzehnten in Betreuungen und verschiedenen Einrichtungen untergebracht. Ich habe kürzlich mit einer Freundin telefoniert, die mit ihrem Partner noch in der Einrichtung wohnt, in der ich auch gelebt habe. Sie sagte zu mir: «Max, ich fühle mich hier eingesperrt. Wie in einem Käfig. Ich möchte so gerne noch etwas anderes erleben.» Das hat mich sehr berührt. Es hat viel Mut von meiner Freundin erfordert, mir das so offen zu erzählen. Und ich konnte ihr Gefühl tief nachempfinden.

In meiner Zeit in den Einrichtungen war ich ein sehr unglücklicher Mensch.

Raúl: Wie bist du auf die Persönliche Zukunftsplanung aufmerksam geworden?

Max Kilian Steffens: Ich kann zum Glück gut lesen und mich selbst informieren. Ich bin im Internet auf die Persönliche Zukunftsplanung gestoßen und habe mir direkt ein Buch bestellt, das Persönliche Zukunftsplanung mit vielen Beispielen erklärt.[26] Beim Lesen habe ich gedacht: Das brauche ich! Ich möchte, dass Menschen genau so mit mir arbeiten. Dann habe ich Weiterbildungen zu diesem Thema besucht und selbst Zukunftsplanungen gemacht. Dort hatte ich plötzlich Menschen an meiner Seite, die mich erkannt haben. Die mir zugehört haben. Die gesehen haben: In Max steckt etwas, das rauswill.

Raúl: Was hat diese Erfahrung mit dir gemacht?

Max Kilian Steffens: Persönliche Zukunftsplanung hat mir ermöglicht, mich selbst in die Welt zu bringen. Dadurch, dass andere mich erkannt haben, konnte ich auch wiederum die Welt erkennen. Diese Gegenseitigkeit ist unheimlich wichtig in der Arbeit mit dem Unterstützungskreis. Ich gebe den anderen etwas von mir, ich öffne mich und bekomme im Gegenzug etwas zurückgespiegelt. Das ist etwas, das Menschen in «geschlossenen» Systemen und Einrichtungen meiner Erfahrung nach eher selten erleben.

Raúl: Wow, ich habe gerade Gänsehaut. Das sind wirklich sehr schöne und treffende Worte! Welche Bereiche deines Lebens wolltest du in der Planung angehen und wie war der Ablauf?

Max Kilian Steffens: Am Anfang haben wir viel über mich und meine Sicht auf die Welt gesprochen. Dabei wurde alles grafisch auf einem Plakat festgehalten. Das ist für mich sehr wichtig, denn wenn ich etwas auf Papier vor mir habe, kann ich es nachher viel besser verstehen.

Eine für mich wichtige Erkenntnis der Planung war, dass ich meine Wohn- und Lebenssituation ändern muss. Das war also mein konkreter Wunsch. Im Unterstützungskreis haben wir dann gemeinsam überlegt, wie wir ihn realisieren können. Unterstützer*innen haben mir dann bei der Umsetzung geholfen und mich bestärkt. Ein anderer Wunsch von mir war ein Assistenzhund – und ich freue mich sehr, dass ich in einigen Monaten meine Zusammenführung mit dem Hund erleben werde.

Für mich haben diese Planungen also sehr viel in meinem Leben verändert. Am wichtigsten war der Kontakt mit den neuen Verbündeten, der mir viele neue Wege eröffnet hat. Ich wurde beispielsweise gefragt, ob ich in inklusiven Projekten mitarbeiten möchte. Meine Meinung wurde wertgeschätzt, und ich konnte meine Stärken einbringen. So wurde mir die Möglichkeit gegeben, die Welt zu erobern.

Wege in ein selbstbestimmteres Leben für Menschen mit Behinderungen

Selbstbestimmung ist bis heute eines der zentralen Ziele der menschenrechtsbasierten Behindertenbewegung und spielt bei allen ungelösten Fragen der Inklusion eine zentrale Rolle. Selbstbestimmt leben heißt, unabhängige Entscheidungen treffen zu können, die Lebensführung nach den eigenen Wünschen gestalten zu können. Dieses Wunsch- und Wahlrecht ist in geschlossenen Systemen wie vollstationären Einrichtungen stark eingeschränkt. Doch es gibt Alternativen – hier einige Erkenntnisse aus diesem Kapitel:

- Assistenz ermöglicht Selbstbestimmtheit. Angebote wie das Persönliche Budget helfen dabei, den eigenen Lebensentwurf mit Behinderung eigenständig zu verfolgen. Das funktioniert aber nur, wenn Zumutbarkeitsentscheidungen professionell getroffen werden und der Wohnwunsch auch zukünftig an erster Stelle steht.
- Strukturelle Machtgefälle bedingen direkte und indirekte Gewalt an behinderten Menschen. Diese Gewalttaten dürfen nicht mehr verharmlost und als Einzelfälle abgetan werden.
- Wohnheime für behinderte Menschen könnten auch in Zukunft eine Daseinsberechtigung haben – allerdings nur, wenn sie strikt zweckgebundene Übergangstationen sind, die in eine Rehabilitation und die Befähigung zum selbstbestimmten Leben führen.

- Die Vermögensfreigrenzen für Eingliederungsleistungen und Assistenzhilfen sollten deutlich angehoben werden – denn sonst droht vielen Menschen, die auf diese Leistungen angewiesen sind, die Altersarmut.
- Angebote wie die EUTB sind essenziell wichtig, denn hier kann unabhängig und individuell bei einer selbstbestimmten Gestaltung des eigenen Lebens beraten und unterstützt werden. Da sie keine Rechtsberatung geben dürfen, muss diese Lücke durch andere Beratungsangebote geschlossen werden.
- Die Unterstützung von Menschen, die behinderte oder chronisch kranke Familienmitglieder zu Hause pflegen, muss eine Priorität der Sozialpolitik werden.
- Wirtschaftsrechtliche Auflagen sollten auch für sozialwirtschaftliche Akteure gelten – denn Sonderregelungen sorgen für eine Verstetigung geschlossener Systeme und verhindern Innovation.
- Es gibt bereits klare Konzepte zur schleichenden Deinstitutionalisierung von Heimen und anderen geschlossenen Systemen, aber für echten Wandel müssen auch Mitarbeitende dieser Einrichtungen umdenken.
- Selbstvertretung, politische Repräsentation und Partizipation behinderter Menschen sind unabdingbar für nachhaltigen Wandel. Wir müssen sicherstellen, dass wirklich alle behinderten Menschen die Möglichkeit haben, an den demokratischen Prozessen teilzuhaben.
- Wir brauchen Alternativen zu den ewigen Ausreden der Geht-nicht-Sager! Methodische Ansätze wie die Persönliche Zukunftsplanung können selbstbestimmte Perspektiven eröffnen – sie sollten breiter bekannt gemacht und zusätzlich gefördert werden.

Behinderte Lust?

 Raul Krauthausen @raulde

«Haben nichtbehinderte Menschen eigentlich auch Sex?»

K annst du Sex haben?» Das wurde wohl jede*r (sichtbar) behinderte Mensch schon einmal gefragt – sei es in dieser oder in abgewandelter Form. Hier offenbart sich ein großes strukturelles Problem beim Thema Sexualität und Behinderung: Behinderte Menschen werden gesellschaftlich mehrheitlich nicht als sexuelle Wesen betrachtet. Das hat mit einer Menge Missverständnissen und Unwissen[1] zu tun, die Nichtbehinderte bei diesem Thema umzutreiben scheint. Diese Missverständnisse haben ihre Wurzel in verschiedensten ableistischen Vorurteilen, die behinderten Menschen entgegengebracht werden. Eine Studie der britischen Psychologie-Professorin Michelle Nario-Redmond[2] hat beispielsweise gezeigt, dass behinderte Menschen unabhängig von ihrem binären Geschlecht oft mit den Adjektiven «abhängig», «inkompetent» und «asexuell» beschrieben werden. Sichtbar behinderte Menschen werden außerdem als weniger weiblich bzw. männlich wahrgenommen. Oder im Klartext: Menschen mit Behinderungen wird ihre Sexualität und geschlechtliche Identität abgesprochen.

Sexualität ist etwas sehr Privates und Intimes – trotzdem möchte ich kurz über meine eigenen Erfahrungen sprechen, denn ich glaube, dass dieser Erfahrungshorizont uns dabei

helfen kann, mit bisherigen Tabus zu brechen und neue Sicht-
weisen zu etablieren. Ich war in Sachen Sex und Beziehungen
ein klassischer «Spätzünder» und habe mit Mitte zwanzig eine
erfahrenere Partnerin gefunden. Ich weiß noch, dass ich mich
damals für meine Unwissenheit bezüglich Klitoris, Vulva und
Vagina geschämt habe und ich viele Unsicherheiten mit mir
rumtrug – beispielsweise bezüglich meines eigenen Körperbil-
des und meiner Dating-Erfahrung.

Zuvor hatte ich häufig erlebt, dass meine Flirtversuche eher
Verwirrung auslösten. Das lag nicht unbedingt an der Art
meiner Annäherungen, sondern an der Rolle, in die ich automatisch gedrängt wurde: Ich wurde als guter Freund wahrgenommen, aber nicht als potenzieller Sexualpartner. Solch eine
Einordnung muss nicht per se auf ableistische Vorurteile hinweisen, aber ich hatte oft das Gefühl, dass Menschen überrascht
reagierten, wenn sie merkten, dass ich als behinderter Mensch
auch eine aktive Sexualität hatte, die ich ausleben wollte. Es gibt
sicherlich auch behinderte Menschen, die asexuell sind, aber
der Großteil ist es eben nicht – und dann so eingeordnet zu werden, tut nicht nur weh, sondern hinterlässt emotionale Narben,
die auch den eigenen Umgang mit Sexualität beeinflussen.[3]

Mit der Zeit bemerkte ich bei mir selbst, dass ich einige dieser ableistischen Perspektiven verinnerlicht hatte. Ich dachte
beispielsweise lange, dass es so etwas wie «der heilige Gral»
ist, eine nichtbehinderte Person zu daten. Als ich dann in einer Beziehung mit einer nichtbehinderten Frau war, merkte
ich schnell, dass dies ganz eigene Herausforderungen mit sich
brachte. Meine Partnerin wurde beispielsweise gefragt, ob sie
nicht «jemand Besseren» als mich verdient hätte. Und von mir
wollte man wissen, wie ich denn eine «so tolle Freundin» gefunden hätte. Wenn wir zusammen unterwegs waren, starrten
uns die Leute an oder fragten uns, ob sie meine Pflegerin sei.
Das hat uns beide sehr belastet und ging so weit, dass wir es

vermieden haben, zusammen rauszugehen. Besonders meine damalige Freundin kam nicht damit klar – und die Beziehung ging letztendlich aufgrund dieses Drucks von außen in die Brüche. Das Phänomen, dass nichtbehinderte Menschen ebenfalls von der Behinderung ihrer Partner*innen betroffen sind, hat einen Namen: «Co-Behinderung». Meine damalige Freundin war schockiert, als sie diesen Begriff zum ersten Mal hörte – das klang wie Co-Alkoholismus. Ich finde den Begriff bis heute sehr passend, denn er beschreibt das Problem ungeschönt. Ich würde sogar so weit gehen zu sagen, dass das Zurückschrecken vor solchen Begriffen selbst eine ableistische Denkweise ist.

Meine damalige Vorstellung, dass eine Beziehung mit einer Nichtbehinderten der Jackpot der Inklusion sei, teile ich heute nicht mehr. Trotzdem finde ich den Gedanken schön, dass *interabled* Beziehungen möglich sind – und das sind sie absolut, wenn wir eine andere Perspektive auf das Thema «Sexualität und Behinderungen» einnehmen, alte Tabus aufbrechen und Ableismus keinen Raum mehr geben. Heute bin ich in einer glücklichen Partnerschaft mit einer Frau, die ich auf einem Glasknochen-Kongress kennengelernt habe. Wir teilen nicht nur ähnliche Interessen und Leidenschaften, sondern verstehen auch die Erfahrungen und Herausforderungen der*des anderen.

Wie kommen wir also raus aus dem Teufelskreis von Vorurteilen und Unsicherheiten? Ein erster Gedanke: Bei Dating-Portalen kann man heutzutage bei der Selbstbeschreibung und der Suche nach Partner*innen allerlei Merkmale angeben: Haarfarbe, Größe, Gewicht, sexuelle Vorlieben, Geschlecht etc. Die Auswahlmöglichkeit «behindert» ist dagegen nicht dabei. Das wäre aber nur konsequent und *empowernd*. Wenn ich als Mensch mit Behinderung nicht das Gefühl haben muss, außerhalb der Norm zu stehen, wenn meine Behinderung ganz selbstverständlich Teil meiner Identität ist – und ich das einfach mit einem Klick deutlich machen kann –, dann kann ich mich ungehemmt ausprobieren und flirten. Umgekehrt kann ein Mensch ohne Behinderung mit dem Merkmal signalisieren, dass er*sie mit eine*r*m behinderten Partner*in kein Problem hat. Es gibt zwar Dating-Plattformen, die speziell auf Behinderte ausgerichtet sind – aber warum sollte die Sexualität von behinderten Menschen außerhalb der Mehrheitsgesellschaft stattfinden? Natürlich können solche Communitys *Safe Spaces* sein, und manche Menschen fühlen sich dort einfach wohler und wollen vielleicht gar nicht im Mainstream unterwegs sein. Das ist ihre Entscheidung und vollkommen in Ordnung. Aber sie müssen die Möglichkeit zur Entscheidung haben.

Ein Einwand gegen diesen Gedankengang, der manchmal vorgebracht wird, ist die drohende Fetischisierung von Behinderung. Und tatsächlich haben mir viele Menschen mit Behinderungen berichtet, dass sie sich von nichtbehinderten Menschen sexuell ausgenutzt fühlten. Für manche gehört Sex mit Behinderten scheinbar zur «sexuellen *Bucket List*» – quasi als «Trophäensammlung». Natürlich müssen wir Menschen vor Missbrauch und Ausbeutung schützen, aber gerade in Sachen Sexualität gilt grundsätzlich auch das Autonomiegebot: Jede*r Mensch entscheidet selbst, auf welche Weise er Lust und Sinnlichkeit ausleben will – natürlich immer unter der Bedingung, dass alle Beteiligten Konsens geben bzw. geben können. In den feministischen Emanzipationsbewegungen war und ist das Recht auf sexuelle Selbstbestimmung ein zentraler Punkt. Patriarchale und paternalistische Vorstellungen über Sexualität treffen alle Menschen, die keine dya-cis Männer sind, besonders stark. Hier verschränken sich Transfeindlichkeit (und Fetischisierung), Rassismus und Sexismus. Das Ergebnis sind unerfüllbare sexuelle Erwartungen und Erfüllungsbereitschaft. Spoileralarm: Das gilt auch für behinderte Menschen. Und für Frauen mit Behinderungen ist die freie sexuelle Selbstentfaltung strukturell gleich mehrfach schwierig. Gleiches gilt für die behinderte LGBTQIA*-Community.

Sex dient nicht nur der Lust und der Liebe, sondern ist auch das Mittel zur Reproduktion. Auch in diesem Bereich spielen die Themen Autonomie und Selbstentfaltung eine Rolle – und hier muss Inklusion noch viel stärker gedacht und umgesetzt werden. Das betrifft beispielsweise die Fragen, ob Menschen mit schweren kognitiven oder körperlichen Einschränkungen Sex haben und Eltern werden «sollten» – obwohl beides eindeutige Grundrechte sind. Bei letzterem Punkt wird zum Teil vorgebracht, dass diese Menschen sich ja gar nicht allein um ihre Kinder kümmern können und diese dann in Heimen oder Pflegeeinrichtungen untergebracht werden müssten. Genau aus diesem Grund gibt es Elternassistenzen – also Assistenzkräfte, die in solchen Fällen zu Hause bei der Betreuung und Versorgung des Kindes unterstützen, wobei das Erziehungsrecht aber bei den Eltern verbleibt. Elternassistenzen sind erst seit 2017 (!) eine Leistung der sozialen Teilhabe nach dem Sozialgesetzbuch. Davor gab es einen solchen Anspruch im deutschen Recht schlichtweg nicht. Und bis heute gibt es leider viele Fälle, in denen eine Elternassistenz nicht bewilligt wird.

Eine andere Art der Unterstützungsleistung sind Sexualassistenzen und -begleitungen für Menschen mit Behinderungen. Dieses Thema wurde durch den Kinofilm *The Sessions* breit in die Öffentlichkeit getragen, und seitdem habe ich manchmal das Gefühl, dass der Diskurs stark darauf reduziert wird. Es gibt immer wieder große Diskussionen, ob diese Unterstützungsleistungen ein Grundrecht oder «käuflicher Sex» sind.[4] In den Niederlanden gibt es Dienstleistungsorganisationen, die Sexualassistenz anbieten – und einige Kommunen übernehmen die Kosten oder bezuschussen diese zumindest.[5] Eine gesetzliche Regelung, etwa vergleichbar mit der Elternassistenz, gibt es in Deutschland bisher nicht. Und ob sich das in absehbarer Zeit ändern wird, scheint fraglich: Der aktuelle Gesundheitsminister Karl Lauterbach sprach sich mehrfach vehement gegen eine «Prostitution auf Rezept»[6] aus. Eine entgegengesetzte Perspektive vertritt die Sexualberaterin Patricia Kubanek im unten folgenden Interview, in dem auch die Finanzierungsfrage aufgegriffen wird.

Als ich selbst begann, mich aktiv mit meiner Sexualität auseinanderzusetzen, fragte ich mich: Wie kann es sein, dass all diese Themen in meinem Freund*innenkreis, aber auch gesamtgesellschaftlich nicht viel mehr diskutiert werden? Seitdem versuche ich, sehr offen darüber zu sprechen, und habe damit gute Erfahrungen gemacht. Die Menschen reagierten fast durchweg mit Neugierde. Ich habe viele Gespräche mit behinderten Menschen geführt, die sich in meiner Perspektive wiedergefunden oder meine erweitert haben. Zusätzlich zu einigen Interviews[7], die ich zum Thema Sex und Behinderung gegeben habe, kuratiere ich zusammen mit der Psychologin und Inklusionsaktivistin Charlotte Zach den Newsletter «Berührungspunkte»[8], der ein geschützter Raum sein soll, in dem viele noch offene und schmerzhafte Fragen angesprochen und beantwortet werden.

Ich habe das Gefühl, dass sich in den letzten Jahren etwas bewegt, dass das Thema präsenter ist und öfter aufgegriffen wird. Gleichzeitig nehme ich wahr, dass der Diskurs über Sexualität und Behinderung immer noch sehr cis männlich dominiert ist. Das finde ich grundlegend falsch, und ich habe mich für dieses Buch ganz bewusst dafür entschieden, im folgenden Interview mit einer *Expertin* – der Sexualberaterin Patrizia Kubanek – zu sprechen.

Lustvoll behindert – Gespräch mit Patrizia Kubanek

PATRIZIA KUBANEK ist ausgebildete Sexualberaterin für Menschen mit Behinderungen gemäß
ISBB, psychologische Beraterin und Sexologin.
Durch ihre Arbeit möchte sie die sexuelle
Emanzipation von Menschen mit Behinderungen unterstützen und Hemmungen bezüglich
des Themas Sexualität und Behinderung
abbauen.[9]

Raúl: Patrizia, du bist Sexualberaterin für Menschen mit Behinderungen und nutzt selbst einen Rollstuhl. Würdest du der
Aussage zustimmen, dass wir beim Thema «Sexualität und Behinderung» noch weit weg sind von echter Inklusion?

Patrizia Kubanek: Leider ja. Und das gilt im Besonderen für
Frauen mit Behinderungen – wir wurden in den nichtbehinderten feministischen Emanzipationsbewegungen einfach
nicht mitgedacht. Bis heute gibt es strukturelle Missstände, die
behinderte Sexualität gesellschaftlich tabuisieren und die sexuellen Bedürfnisse von Menschen mit Behinderungen margina-
lisieren. Das fängt schon im Kindesalter an, zieht sich über die
Pubertät bis ins Erwachsenenleben.

Raúl: Hast du ein Beispiel dafür?

Patrizia Kubanek: Für Sexualität ist die Selbstwahrnehmung unheimlich wichtig. Ich empfehle Eltern von Kindern mit Behinderungen immer, dass sie einen großen Spiegel im Bade- oder
Schlafzimmer der Heranwachsenden anbringen, sodass sie sich
selbst in ihrer Nacktheit betrachten können, ohne dass die ex-

149

plizite Hilfe ihrer Eltern benötigt wird. Das ist eine essenzielle Bedingung für ein gesundes Selbstbild – und das dann wiederum für Sinnlichkeit. Doch Menschen mit hohem Hilfebedarf wird das oft nicht ermöglicht. Kaum eine cis Frau im Rollstuhl weiß, wie ihre Vulva aussieht, weil sie im Sitzen ihre Vulva nicht sehen kann, und es ihnen oftmals zu peinlich ist, Eltern oder Assistent*innen zu fragen, ihnen einen Spiegel vor ihre Vulva zu halten. Daraus ergeben sich viele Unsicherheiten in Bezug auf ihren Körper. Wenn ich mich selbst nicht kenne, wie soll ich denn dann herausfinden, wie ich funktioniere?

Raúl: Interessant, dass du das ansprichst. Die gleiche Erfahrung habe ich auch gemacht. Als ich 27 war, hat meine damalige Freundin bemerkt, dass in meiner gesamten Wohnung kein Spiegel zu finden ist. Das habe ich vorher bewusst vermieden. Sie hat dann im Badezimmer einen aufgehängt, direkt auf Augenhöhe. Dieser Spiegel hat unheimlich viel in mir verändert – er war Sinnbild meiner unverarbeiteten Pubertät, in der ich meinen Körper nicht akzeptiert habe. Wenn ich heute in den Spiegel schaue, dann denke ich nicht: ‹Wow, was für ein geiler Körper!›, aber auch nicht: ‹Was für ein Scheiß-Körper!› Ich habe für mich also eine Art *Body-Neutrality* gefunden, was auch schon ein Fortschritt ist.

Patrizia Kubanek: Die Beziehung zum eigenen Körper ist ein zentraler Punkt, der stark gesellschaftlich beeinflusst wird. Vielen Menschen mit Behinderungen, die beispielsweise auf körperliche Unterstützung im Alltag angewiesen sind, wird von klein auf suggeriert, dass ihr Körper etwas rein Funktionales ist. Schauen wir uns nur mal die Piktogramme auf öffentlichen Toiletten an. Rollstuhlnutzenden wird hier signalisiert, dass ihr Geschlecht, ihre Sexualität nicht zu den anderen Geschlechtern (welchen auch immer) gehören.

Raúl: Und selbst wenn Sexualität eine Rolle spielt, geschieht das meist in einem sehr begrenzten Rahmen. Du kennst doch sicher den Kinofilm *Ziemlich beste Freunde*. Der Protagonist sitzt im Rollstuhl und wird in einer Szene von einer Sexualbegleiter*in an den Ohren massiert, was ihm Lust verschafft. Im Abspann steht dann, dass dieser Mann zwei Kinder mit einer Frau hat, die er nach seinem Unfall kennenlernte. Wie ist das wohl passiert? Allein durch lustvolle Berührungen der Ohren wohl kaum. Warum wird in Medien und Kultur behinderter Sex so dermaßen tabuisiert?

Patrizia Kubanek: Sex wird mit Vitalität und Jugendlichkeit assoziiert, mit perfekten, straffen Körpern. Menschen mit Behinderungen passen nicht in die vorherrschende Mainstreamästhetik. Aus dem gleichen Grund haben wir auch kaum Filme, die Sex zwischen alten Menschen zeigen.

Raúl: Dabei gibt es inzwischen Gegenbeispiele, die zeigen, wie ästhetisch und lustvoll die Darstellung der Sexualität von Menschen mit Behinderungen sein kann. Die Miniserie *1 Meter 20* beispielsweise, die für *arte* produziert wurde.[10]

Patrizia Kubanek: Großartige Serie! Die Protagonistin ist eine junge Argentinierin, die im Rollstuhl sitzt und ihr erstes Mal erleben möchte. Die Serie begleitet sie auf ihrem Weg zur sexuellen Entfaltung und zeigt explizite Szenen. Die lustvollen Begegnungen der jungen Frau werden in diesen Einstellungen gut eingefangen. Für mich unterscheidet sich das nicht von nichtbehinderter Sexualität. Zwar die Körperlichkeit, denn so muss sie einen jungen Mann genau dazu anleiten, wie sie aus dem Rollstuhl gehoben wird, um mit ihm intim zu werden, jedoch nicht ihr Gefühlserleben. Denn dieses ist, so glaube ich zumindest, bei allen Menschen ähnlich.

Raúl: Durch solche Darstellungen werden verstaubte Tabus aufgebrochen – davon brauchen wir mehr! Und zwar nicht nur im Film, sondern allgemein im Medien- und Kulturbereich.

Patrizia Kubanek: Ganz wichtig dabei ist mir, dass Menschen mit Behinderungen nicht als bloße Exponate benutzt werden dürfen, sondern als gleichgestellte Darsteller*innen. Und dazu gehört beispielsweise im Schauspielbereich dann auch, dass diese Menschen die Möglichkeit haben müssen, sich auch nackt zu zeigen – wie das im modernen Theater oft geschieht. Es gibt in diesem Bereich einige Pilotprojekte, beispielsweise die Tanz- und Schauspielgruppe rund um Doris Uhlich[11] in Wien. Die Choreografin hat ein ganzes Stück konzipiert, in dem Menschen mit Behinderungen mitspielen und sich auch nackt auf der Bühne zeigen.

Raúl: Ich bemerke an mir selbst, dass der gesellschaftliche Umgang mit dem Thema Sexualität und Behinderung auch Einfluss auf meine Selbstwahrnehmung hatte und ich einige Vorurteile sogar unbewusst verinnerlicht habe. Ist internalisierter Ableismus ein Problem in deiner Praxis?

Patrizia Kubanek: Internalisierter Ableismus ist bei den Menschen, die ich berate und begleite, eine der größten Hürden für eine erfüllte Sexualität. Einerseits spielen negative Körperbilder eine Rolle, die stark von einem gesellschaftlich vorgegebenen Schönheitsbild beeinflusst werden. Andererseits wird von vielen die Behinderung aber auch als Grund vorgeschoben, sich nicht mit der eigenen Sexualität auseinandersetzen zu müssen – etwa nach dem Motto: Die andere Person wird mich ja ohnehin nicht sexuell attraktiv finden.

Raúl: Wie gehst du diese Themen in deinen Workshops an?

Patrizia Kubanek: Gerade am Anfang ist es wichtig, dass auch Raum für die negativen Gefühle und Erfahrungen bezüglich Sexualität und Behinderung gegeben wird. Erst dann können wir daran arbeiten, einen Perspektivenwechsel anzugehen. Zum einen ist dieser Betrachtungswechsel visuell – wir machen beispielsweise erotische Fotoshootings, in denen Menschen mit Behinderungen teilweise zum ersten Mal sehen, wie schön ihr Körper ist. Das bringt unheimlich viel für das Selbstwertgefühl. Zum anderen erörtern wir auch, was die Behinderung Gutes für die Person getan hat, wo sie einen hingebracht hat, welche positiven Eigenschaften sie vielleicht zur Folge hatte.

Raúl: Manche Menschen werden durch ihre Behinderung so eingeschränkt, dass sie Unterstützung für ihre Sexualität benötigen. Wenn eine gelähmte Frau sich etwa nicht selbst berühren kann, kann dies durch eine Sexualbegleitung erfolgen. Worum geht es bei solchen Begleitungen noch?

Patrizia Kubanek: Für ganz viele Menschen mit Behinderungen geht es nicht nur um die Befriedigung des Sexualtriebs, sondern vor allem um das Erleben und Entdecken der eigenen Sexualität. Sich mit dem eigenen Körper auseinandersetzen, ihn kennenlernen, lernen, wie man sich selbst befriedigt. Auch lernen, sich fallen zu lassen, sich von jemand anderem etwas Gutes tun zu lassen – etwa durch sinnliche Massagen. Grundlage der Sexualbegleitung ist, seine eigene Sexualität zu erkunden und sexuelle Fähigkeiten zu entwickeln. Durch meine Ausbildung zur Sexologin bin ich davon überzeugt, dass Sexualität erlernbar ist.

Raúl: Sexualberatung, Sex-Workshops und Sexualbegleitungen kosten natürlich Geld. Wer sollte die Kosten dafür deiner Ansicht nach übernehmen? Die Krankenkassen?

Patrizia Kubanek: Nein, auf gar keinen Fall die Krankenkassen. Denn das wäre ein klares Signal dafür, dass behinderte Sexualität kranke Sexualität ist. Diese Leistungen gehören aber zur Inklusion – also sollten die Kosten dafür von den Sozialämtern getragen werden, natürlich je nach dem individuellen Anspruch.

Raúl: Patrizia, vielen Dank für dieses Gespräch – willst du zum Schluss noch etwas loswerden?

Patrizia Kubanek: Gelebte Sexualität ist eine Form der Emanzipation – auch für Menschen mit Behinderungen. Wir sollten uns sowohl auf der Ebene der gesellschaftlichen Wahrnehmung als auch auf der der individuellen Auseinandersetzung mit diesem Thema bemühen, Berührungsängste abzubauen. Denn das *empowert.*

Wege zu einem besseren Umgang mit dem Thema «Sex und Behinderung»

Sex ist etwas Wunderschönes, und jeder Mensch hat das Recht darauf, seine eigene Sexualität und seinen eigenen Körper zu erkunden. Lasst uns all den verstaubten Ballast hinter uns lassen und mit unvoreingenommenem Blick auf das Thema schauen, lasst uns diskutieren, Tabus ansprechen und Erfahrungen teilen. Hier sind einige Learnings und Impulse aus diesem Kapitel:

- Wir müssen die Perspektive auf behinderte Sexualität ändern – und zwar sowohl auf gesellschaftlicher als auch auf persönlicher Ebene. Der wichtigste Punkt: Behinderte Menschen sind mehrheitlich sexuelle Wesen wie alle anderen auch.

- Die Assoziation von Sex mit Jugend und straffen Körpern ist längst überholt. Lust und Sinnlichkeit sind nicht auf die Mainstreamästhetik begrenzt.

- Sichtbarkeit und Repräsentation von behindertem Sex spielen eine wesentliche Rolle in seiner Wahrnehmung. Wir brauchen mehr realistische und lustvolle Sexszenen mit behinderten Protagonist*innen in Film, Fernsehen und dem World Wide Web.

- Viele behinderte Menschen haben mit internalisiertem Ableismus bezüglich ihrer Sexualität zu kämpfen. Dazu gehören etwa die Selbstwahrnehmung und die lähmende Angst vor Ablehnung. Neugier, Mut und eine sanfte, unverkrampfte Beschäftigung mit dem eigenen Körper können helfen.

- Sexualität von behinderten Menschen darf nicht pathologisiert werden: Kosten für Sexualberatungen, Sexualassistenzen und Ähnliches sind kein Fall für die Krankenkasse, sondern für die Sozialämter.

- Jede*r Mensch hat das Recht zu entscheiden, wie die eigene Sexualität gestaltet wird – solange alle Beteiligten Konsens geben.

Kunstvoll repräsentiert?

Raul Krauthausen @raulde

«Dass diese nichtbehinderten Schauspieler*innen in der Lage sind, sich so viel Text zu merken – einfach toll!»

Was haben Captain Hook und Darth Vader gemeinsam? Beides sind fiktive Figuren, deren sichtbare Behinderung offensiv auf ihren Status als Antagonisten hinweist. Die negative Darstellung von Behinderung in Film, Literatur und Kunst reicht lange zurück. Klaus Birnstiel, Professor für Neuere Deutsche Literatur an der Uni Greifswald, sieht beispielsweise in der Bibel – in der eine Vielzahl von Figuren mit Behinderung vorkommen – eine der Hauptquellen für diesen Trend: «Aus der biblischen Tradition kommt ein Motiv, das wir bis heute kennen, nämlich, dass Behinderung in Literatur auf irgendeine Weise funktionalisiert wird. Wir kennen zum Beispiel behinderte Figuren, die als Bösewichter fungieren, und man sieht ihnen aufgrund ihrer Behinderung, ihrer Deformation, ihrer Hässlichkeit schon an, dass sie auch moralisch böse sind.»[1]

Die Präsenz solcher und anderer ableistischer Narrative wird nicht nur in unserer Sprache deutlich (siehe Teil I dieses Buches), sondern auch in der Art und Weise, wie behinderte Menschen in den Medien, aber auch in verschiedenen Kunstformen repräsentiert werden. Die beschriebene Funktionalisierung von Behinderungen als Merkmale für moralische Boshaftigkeit der Protagonist*innen nimmt zwar immer mehr ab – aber es gibt noch subtilere Vorstellungen, die das Bild von Menschen mit Behinderungen entscheidend prägen. Meine Diplomarbeit, in der ich mich insbesondere mit der Darstellung behinderter Menschen im Fernsehen beschäftigt habe, trägt den sprechenden Titel «Zwischen ‹Superkrüppel› und ‹Sorgenkind›».[2] Damit greife ich zwei extreme Perspektiven auf, die bis heute in Film und Fernsehen, in Büchern, im Theater und in vielen anderen Kunstformen vorkommen: Menschen mit Behinderungen werden entweder dafür bewundert, wie tapfer sie ihr Leben «trotz Behinderung» meistern, oder sie werden als hilflose Geschöpfe umsorgt und bemitleidet.

Beispiele für eine solche Darstellung zu finden, fällt nicht schwer. Denken wir beispielsweise an *Forrest Gump*, wo der gleichnamige Hauptprotagonist erst seine Gehbehinderung «überwindet» und anschließend «trotz» seiner implizierten «kognitiven Einschränkungen» eine wundersame Abenteuertour durch die wichtigsten Etappen der amerikanischen Geschichte antritt. Oder die Figur Klara aus dem Alpen-Oldie *Heidi*, der 2005 neu aufgesetzt wurde. Klara ist gehbehindert und sitzt im Rollstuhl, wird aber nach einem Besuch bei Heidi in den schönen Schweizer Alpen durch die gute Luft und jede Menge Ziegenmilch «geheilt» und auf wundersame Art und Weise von ihrem Rollstuhl «befreit». In der Darstellung ist Klaras Rollstuhl kein Instrument der Selbstbestimmung, sondern ein Zeichen für ihre Hilflosigkeit und macht deutlich, wie abhängig sie vor ihrer «Heilung» von anderen ist.[3]

Besser gemacht haben es die Schaffer*innen der Fantasy-Serie *Game of Thrones*, die mit Tyrion Lannister eine machtvolle Figur porträtieren, bei der die Behinderung nicht weggeschoben oder überwunden wird, sondern einfach nur Teil der Identität ist. Der *GoT*-Protgagonist ist sogar Namensgeber für einen

Test, den der Behindertenrechtsaktivist Andrew D. Pulrang in Anlehnung an den sogenannten «Bechdel-Wallace-Test» konzipiert hat. Bei letzterem Test kann man mithilfe von drei Fragen die Darstellung von Frauen in Filmen und Serien prüfen – Pulrangs Test ist das Äquivalent für die Darstellung von behinderten Menschen: Muss man eine oder mehrere der folgenden Fragen mit «Nein» beantworten, dann ist die Darstellung von Menschen mit Behinderungen in dem jeweiligen Film problematisch.[4]

Der Tyrion-Test[5]

1) Ist eine Figur mit einer Behinderung Teil eines wichtigen Aspekts der Handlung, die sich aber nicht nur auf ihre Behinderungen konzentriert?

2) Werden Behinderungen realistisch beschrieben, also nicht überzeichnet, glorifiziert oder verniedlicht?

3) Geben diese Figuren so viel, wie sie auch nehmen – wie aktiv sind sie also?

Der Tyrion-Test enthüllt, dass wir immer noch ein massives Problem bei der Darstellung von Behinderung haben. Es gibt zwar einige Umsetzungen, die Behinderung auf erfrischende Weise darstellen – beispielsweise das japanische Filmdrama *37 seconds*,[6] in der sich die Protagonistin Yuma auf der Suche nach Selbstbestimmung von ihrer kontrollierenden Mutter abnabelt. Oder auch die schon angesprochene Serie *1 Meter 20*, die unter anderem zeigt, wie sinnlich und ästhetisch Sex von Menschen mit Behinderungen sein kann. Ein Großteil der Filme und Serien auf dem Markt fällt allerdings schlichtweg beim Tyrion-Test durch – und das ist nicht nur ein Armutszeugnis für die Filmbranche, sondern beeinflusst auch das gesamtgesell-schaftliche Bild von Menschen mit Behinderungen.

Von der Darstellung zu den Darstellenden

Wenn wir im Kontext der Inklusion über Kunst sprechen, dann reicht es nicht, sich nur anzuschauen, *was* auf den Bühnen und Leinwänden dieser Welt gezeigt wird, sondern es ist auch relevant, *wer* dort Kunst macht. Die Frage der Repräsentation stellt sich also nicht nur auf der Ebene von Medien- und Kunsterzeugnissen, sondern auch im Kunsthandwerk selbst. Plakativ formuliert: Warum gibt es so wenige behinderte Künstler*innen, Kulturschaffende und Medienleute?

Auf der Ebene des Films fällt beispielsweise auf, dass Protagonist*innen mit Behinderung sehr oft von nichtbehinderten Schauspieler*innen verkörpert werden, die am Ende auch noch für ihre «authentische Darstellung» Preise gewinnen – so geschehen beispielsweise bei den deutschen Spielfilmen *Die Goldfische* und *Erbsen auf halb 6*. Es geht mir aber nicht nur darum, dass doch bitte Menschen mit Behinderungen behinderte Protagonist*innen darstellen sollen, sondern ich finde, dass das Potenzial von behinderten Künstler*innen oftmals nicht gesehen oder gnadenlos unterschätzt wird.

Ich habe bei verschiedenen Schauspielschulen in Deutschland nachgefragt, wie viele Absolvent*innen mit Behinderung man registriert habe – die meisten Kontakte konnten sich nicht einmal an Bewerbungen behinderter Menschen in den letzten fünf Jahren erinnern. Bei einer der profiliertesten Kaderschmie-den, der Hochschule für Schauspielkunst Ernst Busch in Berlin, sagte man mir, die Schauspielschule sei auf der Suche nach «Talent, und eine Behinderung schränkt dies nicht ein».[7] Diese Aussage ist keine *Feel-good*-Message, sondern sie lässt sich durch Beispiele belegen. Für mein Talkformat *Krauthausen face to face* habe ich mit Menschen gesprochen, die absolute Koryphäen in ihrem künstlerischen Bereich sind. Eine herausstechende Persönlichkeit ist Felix Klieser, einer der weltbesten Hornisten. Klieser ist ohne Arme geboren, und er sagt von sich, dass seine größte Herausforderung darin bestehe, «behindert zu sein, ohne deshalb so behandelt zu werden». Ihm werde ständig die Frage gestellt, ob es denn schwieriger sei, mit den Füßen Horn zu spielen als mit den Händen. Seine Erwiderung: Das könne er unmöglich beantworten, denn er habe ja den direkten Vergleich nie gehabt. Felix Klieser möchte als Künstler nicht *aufgrund* oder *trotz* seiner Behinderung wahrgenommen, sondern anhand der Qualität seiner Musik bewertet werden. Er möchte ehrliche Kritik, die «nicht an der Anzahl seiner Extremitäten ausgerichtet ist».[8] Felix Klieser ist einfach ein unheimlich guter Musiker, der Zehntausende Stunden mit der Perfektionierung seines Instruments verbracht hat. Bezogen auf das Thema «Inklusion» sieht er seine Rolle als berühmter Künstler darin, dass seine Behinderung mit jedem Auftritt selbstverständlicher wird, dass sie nicht als Problem oder Mangel wahrgenommen wird, sondern einfach nur als Eigenschaft.[9]

Fehlendes Talent oder mangelnde Hingabe sind also nicht die Gründe, warum es gemessen an der Anzahl der Menschen mit Behinderungen in Deutschland so wenige behinderte Künstler*innen gibt. Doch warum schaffen es so wenige ins Rampenlicht? Was sind strukturelle Hindernisse? Und wie können wir behinderte Künstler*innen *empowern*? All diese Fragen habe ich mit der freien Performerin und studierten Theaterpädagogin Saioa Alvarez Ruiz besprochen.

«Ich will Kunst machen und mich auch darauf
fokussieren können» – **Saioa Alvarez Ruiz**

SAIOA ALVAREZ RUIZ **ist freie Performerin und Autorin
in Berlin. Sie hat Soziologie, Politik- und Medienwis-
senschaften (B.A.) an der Universität Düsseldorf
und Theaterpädagogik (M.A.) an der Universität
der Künste Berlin studiert. Mit Theater, Audio
und Text nimmt sie Gesellschaft auseinander,
um sich wieder mit ihr zu verbinden. In ihren
Projekten und Workshops arbeitet sie stets inklusiv: Auch Nichtbehinderte sind ausdrücklich dazu
aufgerufen mitzumachen.**

Raúl: Liebe Saioa, wie schaffen wir es, mehr behinderte Künstler*innen auf die Bühnen Deutschlands zu bringen?

Saioa Alvarez Ruiz: Ein zentrales Thema ist – wie bei allen Fragen der Teilhabe – die Barrierefreiheit. Wenn wir einen künstlerischen Werdegang chronologisch denken, müssen wir zuerst
die Ausbildungsbedingungen an den Kunsthochschulen in den
Blick nehmen. Ich habe einen Masterabschluss in Theaterpädagogik von der Universität der Künste Berlin. Ein Ensemblestu-
diengang mit zwölf Teilnehmenden, bei dem unter anderem
Schauspielunterricht, Theaterwissenschaften, Stimmtraining,
Körpertraining, Theatervermittlung und vieles weiteres auf
dem Plan steht. Das Studium hat mich in meiner künstlerischen
Entwicklung extrem gefördert, aber es abzuschließen, war für
meinen Körper und teilweise auch meine Psyche eine Tortur.
Während meines Studiums wurde ich tagtäglich mit der fehlenden Barrierefreiheit konfrontiert – es fanden beispielsweise
Seminare im 4. Stock statt, die nicht durch einen Aufzug zu er-

reichen waren. Durch fehlende Barrierefreiheit wird der Pool an behinderten Menschen, die eine Ausbildung im künstlerischen Bereich wagen, reduziert.

Raúl: Ich denke, viele Leser*innen werden überrascht davon sein, dass eine ganze Menge deutscher Universitäten immer noch weit davon entfernt sind, barrierefrei gestaltet zu sein. Auch heute fragen sich junge Leute noch: Wie soll ich hier studieren, wenn nicht einmal alle Hörsäle und Seminarräume für mich zugänglich sind?[10]

Saioa Alvarez Ruiz: Und in der Welt von Kunst und Theater ist das Thema Barrierefreiheit natürlich nicht mit dem Uniabschluss zu den Akten gelegt. Ich habe nach meinem Studium nicht den Weg der Theaterpädagogin, sondern der Performerin eingeschlagen. Mir ist schnell klar geworden, dass viele Theaterhäuser zwar mittlerweile bei der barrierefreien Gestaltung der Publikumsbereiche Fortschritte machen, aber das Gleiche nicht für den Bühnenbereich gilt.

Raúl: Das allein entlarvt ja schon ein riesiges Problem. Publikumsbereiche werden barrierefrei gemacht, damit alle zuschauen können – aber dass behinderte Künstler*innen selbst als Künstler*innen performen, damit rechnet im Mainstream anscheinend kaum jemand.

Saioa Alvarez Ruiz: Ganz genau – und zusätzlich habe ich durch viele Gespräche mit Kolleg*innen, aber auch durch eigene Erfahrungen den Eindruck gewonnen, dass etwa mit Rampen oder Blindenleitsystemen nachgerüstet wird, wenn eine behinderte Person an einer Produktion beteiligt ist. Aber diese Hilfsmittel werden nach Abschluss des Stückes oft wieder abgebaut. Hier fehlt das nachhaltige Bewusstsein und der echte Wille!

Das verhindert wortwörtlich den Zugang zu den Theaterbühnen.

Raúl: Sollte die Behindertenbewegung da mehr Lärm und Protest laut werden lassen?

Saioa Alvarez Ruiz: Oft fantasiere ich davon, mit einer Gruppe von Menschen Theaterhäuser so lange zu verbarrikadieren, bis andere Behinderte und ich auf alle Etagen kommen können – und bis das nicht erledigt ist, darf NIEMAND das Gebäude betreten. Ein Protest in diesem Stil wäre mein Traum. Aber strukturelle Benachteiligung ist auch unheimlich kräftezehrend. Ich bin nicht der Ansicht, dass es in der Verantwortung von behinderten Künstler*innen liegt, die Barrierefreiheit auf den Bühnen zu erstreiten. Die Verantwortung liegt bei den Intendant*innen in Zusammenspiel mit der Senatsverwaltung und dem Bund. Es wird viel über Barrierefreiheit in diesem Bereich geredet, aber mir fehlen die konkreten Strategiepläne und Fördermaßnahmen. Es muss Geld in die Hand genommen werden. Ich will nicht ständig von Problemen bei der Umsetzung von Barrierefreiheit hören, sondern nur noch von Lösungen. Das heißt nicht, dass ich mich nicht ehrenamtlich engagiere – ich bin beispielsweise in der AG Barrierefreiheit der Senatsverwaltung vertreten. Aber das ist weder meine Pflicht noch mein Job. Ich will Kunst machen und mich darauf fokussieren können.

Raúl: Eine vollkommen legitime Perspektive – das erinnert mich an die Autorin Kübra Gümüşay, die nicht mehr «intellektuelle Putzfrau» für alte weiße Männer spielen will, die Rassismus angeblich nicht verstehen. Ich habe trotzdem den Eindruck, dass sich nur etwas ändern wird, wenn behinderte Menschen sich noch stärker einbringen.

Saioa Alvarez Ruiz: Ich halte das eher für eine Frage der Vertretung: Wir brauchen nicht nur mehr behinderte Schauspieler*innen auf den Bühnen, sondern auch mehr Menschen mit Behinderungen in Machtpositionen hinter den Kulissen. Damit meine ich nicht nur die Senatsverwaltung und Co., sondern auch die Intendanz und die Regie. Hier geht es einerseits um eine Priorisierung und die nachhaltige Umsetzung von Barrierefreiheit, aber andererseits geht es auch um den Umgang mit dem Thema Behinderung in der Kunst.

Raúl: Das bringt uns zu einem anderen wichtigen Punkt, der mich seit Jahren umtreibt: Ich nehme gerade im Theaterbereich die Tendenz wahr, dass behinderte Schauspieler*innen vor allem bei Aufführungen auf den Bühnen stehen, die dezidiert als «Inklusionsveranstaltungen» gebrandet sind oder ausschließlich Behinderungen thematisieren. Meiner Meinung nach werden damit wieder einmal Sonderräume geschaffen und die Schauspieler*innen auf ihre Behinderung reduziert. Wie ist deine Sicht auf dieses Thema?

Saioa Alvarez Ruiz: Ganz grundsätzlich finde ich es wichtig, dass wir auch in der Kunst *Safer Spaces* für marginalisierte Gruppen schaffen – egal ob das Menschen mit Behinderungen, queere Menschen, von Rassismus betroffene Menschen etc. sind. Veranstaltungen, die nur einer bestimmten Gruppe vorbehalten sind, haben ihre Daseinsberechtigung in diesem Kontext. Vor allem der Austausch und die gegenseitige Stärkung von Menschen, die ähnliche Erfahrungen teilen, ist unglaublich kostbar! Ich sehe das also nicht pauschal kritisch, sondern es kommt auf die Umsetzung an.

Beispielsweise halte ich Theaterproduktionen für hoch problematisch, die von Nichtbehinderten geleitet werden, aber behinderte Künstler*innen oder Laien auf der Bühne präsentieren. Das geht in 99 Prozent der Fälle schief, und es kommen Aussagen heraus wie: «Wir sind alle normal» (hör mir auf mit diesem Wort), «Sie sind genauso wie wir» (wer ist «wir»?), oder «die Behinderten sind sogar noch besser» (Ja und Nein). Oder wenn nichtbehinderte Regisseur*innen beweisen wollen, dass Menschen mit Lernschwierigkeiten genau wie Nichtbehinderte große Mengen an Text auswendig lernen können und diesen in einer bestimmten (pathetischen) Sprechweise präsentieren. Für mich hat das keinen künstlerischen Mehrwert. Wo ist das Neue, das Experimentelle? Wo ist die Erweiterung unserer Perspektive, unserer Lebenswelt, unserer Realität? Dass behinderte Menschen Schauspieler*innen sein können, muss unsere unhinterfragbare Grundvoraussetzung sein.

Raúl: Ich kenne die Art von Aufführungen, die du ansprichst. Ich glaube, da geht es oftmals auch um eine Art von «*Disability-Inspiration*» – also die Instrumentalisierung des Merkmals Behinderung für die Inspiration Nichtbehinderter. Es gibt doch beispielsweise diese sogenannten Dunkel-Restaurants als Teil der Erlebnisgastronomie. Mir wurde schon von vielen Nichtbehinderten erzählt, wie eindrücklich diese Erfahrung war und wie inspirierend sie die blinden Menschen fanden, die ihnen das Essen dort servierten. Ich sage darauf dann immer: «Den sehbehinderten Menschen dort ist doch vollkommen egal, ob es dunkel oder hell ist, wenn sie servieren.» Echte Inklusion würde meiner Meinung nach bedeuten, dass sehbehinderte Menschen im Café um die Ecke servieren. Das würde ich auch analog für behinderte Künstler*innen so sehen: Das Ziel muss sein, sie ganz regulär auf den Bühnen zu erleben, nicht nur unter einem Inklusionsbanner.

Außerdem habe ich bei Veranstaltungen, in denen Behinderung zum Hauptthema gemacht wird, oft das Gefühl, dass die Maßstäbe an Kunst verändert werden. Kunstkritik ist in einem solchen Setting eigentlich gar nicht möglich: Wer Kritik übt, läuft Gefahr, als Inklusionsgegner*in angesehen zu werden.

Saioa Alvarez Ruiz: Es stimmt zumindest, dass ich wenig negatives Feedback bekomme – jetzt ist natürlich die Frage, ob das an meinem überwältigenden Talent liegt oder ob sich die Leute nicht trauen, etwas zu sagen, oder ich als behinderte Künstlerin geschont werde. Und was scherzhaft klingt, lässt, ehrlich gesagt, wirklich oft einen Zweifel in mir offen. Es ist wichtig zu spüren, dass mein Gegenüber mich ernst nimmt und mir wirklich zugesehen hat: Das beste Feedback ist, wenn eine Person mir so präzise wie möglich beschreibt, was sie beobachtet hat, und in einem zweiten Schritt erzählt, was das in ihr ausgelöst hat. So kann ich als Künstlerin entscheiden, ob das mit meinen Vorstellungen übereinstimmt. Ob meine Arbeit Nichtbehinderten pauschal gefällt oder nicht, ist mir pauschal erst mal egal.

Wege zu mehr Inklusion auf realen und virtuellen Bühnen

Wir brauchen mehr Kulturschaffende und Künstler*innen im Rampenlicht – und das ist nicht nur im Kontext der Repräsentation wichtig. Behinderte Menschen haben großes künstlerisches Potenzial, das sich viel besser entfalten könnte, wenn wir sie konsequent *empowern* würden. Hier folgen einige Einsichten und Ansätze, die in diesem Kontext wichtig sind:

- Der Blick auf die Darstellung von Menschen mit Behinderungen im Kunst- und Medienbereich muss differenzierter und kritischer werden. Bei der Identifizierung von problematischen Narrativen hilft beispielsweise der Tyrion-Test.

- Barrierefreiheit ist die Grundvoraussetzung für einen gleichberechtigten Zugang zum Kunstbetrieb. Nur wenn die Ausbildungsstätten von angehenden Künstler*innen so barrierearm wie möglich gestaltet sind, haben behinderte Nachwuchskünstler*innen eine echte Chance. Auch im Bereich der Bühnengestaltung – und zwar vor, hinter und auf der Bühne – muss das Thema Barrierefreiheit absolute Priorität haben.

- Vertretung von Menschen mit Behinderungen muss auch in führenden Positionen im Kultur- und Medienbetrieb gewährleistet und gefördert werden.

- Kunstveranstaltung unter dem Label der «Inklusion» können geschützte Räume für marginalisierte Gruppen sein, doch auch im Kunstbereich müssen wir aufpassen, nicht in die «Schonraumfalle» zu tappen.

- Der Umgang mit der eigenen Behinderung ist für viele Künstler*innen eine Gratwanderung. Die Auseinandersetzung mit diesem Merkmal der eigenen Identität ist ein immerwährender Prozess.

- Künstler*innen mit Behinderungen machen keine Kunst, um Nichtbehinderte Menschen zu inspirieren. Genauso wenig ist es ihre Pflicht, sich für den gleichberechtigten Zugang zum Kunstbetrieb aktivistisch einzusetzen.

- Bei der Bewertung der künstlerischen Leistung darf Behinderung keine Rolle spielen. Behinderung sollte als eine selbstverständliche Eigenschaft unter vielen wahrgenommen werden.

Intersektional denken?

Raul Krauthausen @raulde

«Es gibt weiße, nichtbehinderte, heterosexuelle Männer, und es gibt die Mehrheit.»

N ach dem Mord im Oberlinhaus 2021 (siehe Kapitel «Selbstbestimmt leben?») wurde in der Potsdamer Nikolaikirche ein Gedenkgottesdienst für die vier Gewaltopfer abgehalten, der mich sehr nachdenklich und wütend gemacht hat. Präsentiert wurden nicht etwa Fotos der Getöteten, sondern vier weiß lackierte Rollstühle.[1] Diese Symbolik vermittelte eine Perspektive der Mehrheitsgesellschaft, die behinderte Menschen als homogene Gruppe auffasst: Hier waren vier behinderte Personen gestorben, nicht etwa vier Individuen. Die Getöteten hatten Namen: Martina W., Christian S., Lucille H. und Andreas K. Sie alle hatten Lebensgeschichten, die sicherlich sehr von ihren Behinderungen geprägt waren – aber da war noch so viel mehr. Doch weder ihre Geschichten noch die Perspektive der Menschen in ähnlichen Lebenssituationen (in geschlossenen Heimen) haben in der anschließenden Berichterstattung eine wesentliche Rolle gespielt. Die Zeitungen und Fernsehbeiträge waren voll von nichtbehinderten Menschen, die ihre Anteilnahme ausdrückten, die bezeugten, wie abscheulich diese Tat an «den Schwächsten der Gesellschaft» doch sei, die von verlorenem Vertrauen sprachen.

Ich greife diesen Kontext an dieser Stelle nicht ausschließlich auf, weil ich die Berichterstattung und die Sicht der Mehrheitsgesellschaft kritisieren will. Ich will auch auf eine generelle Gefahr hinweisen, die Diskurse über strukturelle Gewalt in sich bergen: Wenn man sich auf ein bestimmtes Diskriminierungsmerkmal fokussiert, dann kann das dazu führen, dass die vielfältigen individuellen Lebensrealitäten in den Hintergrund gerückt oder sogar ausgeblendet werden. Diese Dynamik ist nicht nur im Kontext der gesamtgesellschaftlichen Darstellung relevant, die Menschen mit Behinderungen oftmals als einheitliche und in sich geschlossene Gruppe auffasst. Wenn ich in diesem Buch über «Inklusion» bezogen auf Menschen mit Behinderungen – also Inklusion bezogen auf ein bestimmtes Diskriminierungsmerkmal – schreibe, dann könnte man mir vorwerfen, dass ich in die gleiche Falle tappe und «Behinderung» als Merkmal abseits der Norm darstelle, dass ich die Vielfalt menschlicher Identitäten durch den Fokus auf ein singuläres Merkmal verenge. Ich habe versucht, diese Gefahr bei der Konzeption und dem Schreiben des Buches immer im Hinterkopf zu haben und ernst zu nehmen – nicht zuletzt deshalb war es mir so wichtig, vielen individuellen Perspektiven, vermittelt durch meine Gesprächspartner*innen, eine Plattform zu geben. Nichtsdestotrotz ist es mir ein Anliegen, in diesem Kapitel noch einmal grundsätzlich über die beschriebene Gefahr und ihre Folgen für den «Behindertenaktivismus» zu reflektieren.

Die intersektionale Perspektive

Menschen mit Behinderungen sind keine homogene Gruppe. Das wird schon deutlich, wenn man sich bewusst macht, dass «Behinderung» ein weites Spektrum beschreibt – es gibt unzählige verschiedene Behinderungsformen. Zentral ist außerdem, dass Behinderung nur eines von sehr vielen Identitätsmerkmalen ist, die bei jedem Individuum verschieden sind. Wenn wir über strukturelle Gewalt sprechen, dann müssen wir verstehen, dass eine Person mit Behinderung potenziell nicht nur wegen dieses einen Merkmals diskriminiert wird, sondern auch aufgrund anderer Teile ihrer Identität. In der Lebenswirklichkeit gibt es keine für sich stehenden Kategorien, sondern alle Merkmale einer Identität sind verbunden und überlagern sich – und genauso sind gesellschaftliche Diskriminierungen miteinander verknüpft. Für diesen Aspekt gibt es ein wichtiges Schlagwort, das von der Juristin Kimberlé Crenshaw ursprünglich im Kontext des Schwarzen Feminismus in den USA geprägt wurde: «Intersektionalität». Der Begriff nimmt Bezug auf das englische Wort «*Intersection*», was wörtlich übersetzt etwa so viel wie «Straßenkreuzung» bedeutet. Crenshaw formuliert:

«Nehmen wir als Beispiel eine Straßenkreuzung, an der der Verkehr aus allen vier Richtungen kommt. Wie dieser Verkehr kann auch Diskriminierung in mehreren Richtungen verlaufen. Wenn es an einer Kreuzung zu einem Unfall kommt, kann dieser von Verkehr aus jeder Richtung verursacht worden sein – manchmal gar von Verkehr aus allen Richtungen gleichzeitig.»[2]

Crenshaw wollte mit der Metapher klarmachen, dass Diskriminierungen («Unfälle», die Personen verletzen) verschiedene Gründe haben können – eine *Woman of Color* ist beispielsweise nicht nur potenziell von Rassismus, sondern auch von Sexismus betroffen. Oder anders ausgedrückt: Strukturelle Unterdrückungssysteme überschneiden und verstärken sich. Die «intersektionale Perspektive» spielt heute nicht mehr nur im Kontext von Rassismus und Sexismus eine Rolle, sondern kann bezogen auf alle Arten von Diskriminierung eingenommen werden: «Kategorien wie Geschlecht, Rassifizierung, Alter, Klasse, Ability oder Sexualität wirken nicht allein, sondern vor allem im Zusammenspiel mit den anderen.»³ Dabei soll das Beispiel der Straßenkreuzung nicht nur deutlich machen, dass sich diese Kategorien überlagern und Diskriminierung aus verschiedenen Richtungen kommen kann. Die Metapher soll auch zeigen: Wer sich als (mehrfach) diskriminierte Person also auf einer belebten Straßenkreuzung befindet, der hat auch eine besonders hohe Gefahr, verletzt, also diskriminiert, zu werden.

Wenn wir also im Kontext der Inklusion über strukturelle Diskriminierung sprechen, dann sollten wir unbedingt eine intersektionale Perspektive einnehmen – und Teil davon sind sich überlagernde Diskriminierungserfahrungen. Im Gespräch mit dem ehemaligen Rennrollstuhlsportler Alhassane Baldé wurde unter anderem eindrücklich deutlich, wie solche Dynamiken wirken.

Die gemeinsame Erfahrung der Diskriminierung –
Alhassane Baldé

ALHASSANE BALDÉ **ist ein ehemaliger deutscher Rennrollstuhlsportler, der 2004, 2008, 2016 und 2021 für Deutschland bei den Paralympics antrat. Heute ist er unter anderem Inklusionsbotschafter und gibt Seminare zum Thema Motivation und Überwindung persönlicher Grenzen.**[4]

Raúl: Lieber Alhassane, du hast in deiner Sportlerkarriere unter anderem bei Europa- und Weltmeisterschaften Medaillen geholt und bist zu insgesamt vier Paralympics gereist. Wie bist du zum Para-Sport gekommen?

Alhassane Baldé: Ich bin in Guinea in Westafrika geboren. Bei meiner Geburt wurde nicht erkannt, dass meine Mutter neben meinem Zwillingsbruder noch ein Kind in sich trug. Die Ärzte haben im Geburtsprozess unwissentlich eine Querschnittslähmung bei mir verursacht. Mit dieser Diagnose hätte ich in Guinea kaum eine Überlebenschance gehabt, weshalb sich mein Onkel mit seiner Frau dafür eingesetzt hat, mich zu sich nach Deutschland zu holen. Nach langem Kampf um das Adoptionsrecht hat das dann schließlich auch geklappt – ich war mittlerweile fünf Jahre alt.

Das war Anfang der 90er-Jahre – und mein Onkel und meine Tante hatten damals keine Ahnung, was ich als behindertes Kind überhaupt alles brauchte. Wir haben dann zusammen eine Reha-Messe besucht, wo ich einen Mini-Rennrollstuhl entdeckt habe. Eigentlich sollte das nur ein Messe-Gag sein, aber für mich passte er wie angegossen. Ich bin mit diesem kleinen Rollstuhl durch die Gänge der Messe geflitzt, und das hat in mir ein Feuer entfacht.

Raúl: Wie war es in Deutschland anzukommen – als Schwarzer Junge, der noch dazu im Rollstuhl saß?

Alhassane Baldé: Kinder können sehr grausam sein. Sobald ich der deutschen Sprache mächtig wurde, habe ich auch Diskriminierung erfahren. Im Kindergarten lernst du schnell Deutsch, aber du lernst auch schnell, was offener Rassismus bedeutet. Die Kinder haben mich zum Beispiel gefragt, ob ich Dreck im Gesicht hätte, oder haben erzählt, dass ihre Eltern mich das N-Wort nennen würden. Bezüglich meiner Behinderung war da immer dieses Unverständnis, dass ich nicht mit Fußball oder Fangen spielen kann. Dazu kam noch, dass meine Eltern nicht meine leiblichen Eltern waren, sondern ich adoptiert war – auch das wurde von Kindern, aber auch von

Erwachsenen als ungewöhnliche Familienkonstellation emp-
funden.

Raúl: Was hat diese Ausgrenzungserfahrung mit dir gemacht?

Alhassane Baldé: Ich habe mich einsam gefühlt und mich gefragt, warum ich nicht so bin wie die anderen. Am Anfang
habe ich sogar versucht, dagegen etwas zu unternehmen, mich
zu verstellen. Ich fragte beispielsweise meine Oma, ob sie mir
nicht einen Eimer weißer Farbe kaufen kann, damit ich mein
Gesicht damit anmalen kann. Bezüglich meiner Behinderung
hat die Ausgrenzung eher eine Trotzreaktion ausgelöst. Ich
hatte schon immer einen ausgeprägten Bewegungsdrang und
wollte den anderen Kindern zeigen, dass ich sehr wohl mitspielen kann. Ich wollte unbedingt ein Teil der Gemeinschaft sein –
das hat mal mehr und mal weniger geklappt.

Raúl: Interessant. Für mich war Sport in der Schule immer ein
Anlass, bei dem meine Behinderung so richtig in den Vordergrund rückte. Ich kann mich noch gut erinnern, dass ich in der
Schulzeit unbedingt bei den Bundesjugendspielen mitmachen
sollte. Ich mir einen Ruck gegeben und mitgemacht, mich da
aber in diesem Setting total fehl am Platz gefühlt. Als ich dann
auf Nötigung der Sportlehrerin den Schlagball geworfen habe,
flog der gerade mal drei Meter weit und ich wollte im Boden
versinken.
   Wie ging es bei dir weiter? Haben sich die Erfahrungen aus
dem Kindergarten an der Schule fortgesetzt?

Alhassane Baldé: In der Schule war mir immer bewusst, dass
ich anders als die anderen bin. Auch dort hatte ich oft das Gefühl, nicht reinzupassen. Ich habe im Sportunterricht ähnliche
Situationen erlebt, wie die von dir beschriebene. Durch meine

Behinderung waren Bockspringen und Weitsprung nicht gerade mein Ding. Trotzdem war da immer dieser Drang, alles zumindest zu versuchen und mich zu behaupten. In meinen Jugendjahren bin ich immer mehr in den Para-Leistungssport hereingerutscht. Das war damals mein Zufluchtsort – denn dort traf ich auf Menschen, die ähnliche Erfahrungen gemacht hatten wie ich und mich akzeptierten.

Dieser geschützte Raum des Para-Sports hatte aber auch Schattenseiten. Mein Eindruck war, dass Athlet*innen, die Schulen für Körperbehinderte besuchten, in einer geschützten Blase aufwuchsen. Sie lebten in einer Parallelwelt und konnten deshalb teilweise nicht nachvollziehen, was es bedeutet, «da draußen» zu sein. Ich bin meinen Eltern sehr dankbar, dass sie dafür gekämpft haben, dass ich nach einem Jahr von einer Körperbehindertenschule auf eine Regelschule wechseln konnte. Ich glaube, dass diese intensive Auseinandersetzung mit meiner Umwelt, meinem Migrationshintergrund und meiner Behinderung mich gestärkt hat, mich resilient gemacht hat. Das ist allerdings meine heutige Perspektive – damals steckte ich auch mal in persönlichen Krisen wegen all dieser Dinge und hatte damit zu kämpfen.

Raúl: In den letzten Jahren ist öffentlich viel über Rassismus gesprochen worden – Black Lives Matter in den USA, und auch in Deutschland gibt es eine laute Aktivist*innenszene. Hast du da in deinem persönlichen Erleben eine Veränderung bemerkt?

Alhassane Baldé: Ja – Menschen gehen immer öfter offener und vorurteilsfreier auf mich zu. Ich merke auch, dass es mehr Bewusstsein für rassistische Diskriminierung gibt. Ich glaube auch, dass viel über ein sich veränderndes Bild in den Medien läuft. *Black Culture* ist hip geworden.

Trotzdem haben wir noch einen weiten Weg vor uns – da

muss man allein auf die jüngsten Rassismus-Skandale innerhalb der Polizei schauen. Auch mein Alltag ist weit davon entfernt, frei von Diskriminierung zu sein. Ich kann mich noch gut erinnern, dass ich als Athlet in den sozialen Medien angefeindet wurde. Da kamen dann so Sprüche wie: «Warum startest du nicht für dein eigenes Land?» oder «Warum singst du die Nationalhymne mit?» Diese Grundnegativität ist bei einigen immer noch da.

Raúl: Nimmst du bezüglich Ableismus eine ähnliche Entwicklung wahr?

Alhassane Baldé: Ableismus, Barrierefreiheit und Selbstbestimmtheit sind vor allem durch die Arbeit von Aktivist*innen wie dir oder auch Laura Gehlhaar und vielen anderen stärker präsent. Ich glaube, das ist eine Frage der Sichtbarkeit und Repräsentation. Auch in Film und Fernsehen ändert sich gefühlt das Bild von Behinderung. Auf der anderen Seite werde ich immer noch manchmal angesprochen, wenn ich mit meiner nichtbehinderten Partnerin durch die Straßen gehe, ob sie denn meine Betreuerin sei, ob ich in einem Heim wohnen würde etc. Man merkt einfach, dass viele nichtbehinderte Menschen kaum Kontakt mit dem Thema haben.

Ich als ehemaliger Leistungssportler schaue natürlich auch stark auf die Entwicklung meines Sports – dem Rennrollstuhlfahren. In vielen Ländern haben sich professionelle Strukturen herausgebildet: gute Trainingsbedingungen, finanzielle Unterstützung und allgemein eine selbstverständliche Gleichstellung des Sports. Dazu gehört auch, dass dort gar nicht mehr von «Para-Sport» gesprochen wird, sondern einfach nur von Sport. Auch da haben wir in Deutschland noch viel Entwicklungspotenzial.

Raúl: Ich mache mir immer wieder Gedanken darüber, wie wir in der Behindertenbewegung intersektionaler werden können. Was sind deine Gedanken dazu?

Alhassane Baldé: Ich glaube, wir müssen als Gesamtgesellschaft sensibler und offener für die Befindlichkeiten anderer werden. Das heißt auch, dass wir rausmüssen aus unserer Komfortzone. Jede*r Mensch lebt in seiner eigenen *Bubble* – aber es gibt Dinge, die uns verbinden. Genau da liegt auch das Potenzial der Intersektionalität: Jede Art von Diskriminierung verstößt gegen die Menschenrechte und hinterlässt Narben. Statt in Schubladen zu denken, sollten wir als Betroffene den geteilten Erfahrungshorizont dazu nutzen, gemeinsam gegen diese Missstände etwas zu unternehmen und uns zu vernetzen. Ich glaube, wir sollten alle versuchen, empathischer und positiver miteinander umzugehen. Toleranz, Offenheit sowie sich gegenseitig zu *empowern*, aber auch ein gesundes Gespür für die richtigen Worte im richtigen Kontext sollten wieder in den Vordergrund rücken, statt einer Aus- oder Abgrenzung und einer «Entweder für oder mit oder gegen uns!»-Mentalität.

Intersektionaler werden oder «Menschen sind keine Sammelkarten»

Die intersektionale Perspektive einzunehmen, heißt nicht nur, sich individuelle Diskriminierungserfahrungen und das Zusammenspiel verschiedener Gewaltformen zu vergegenwärtigen. Intersektionalität spielt auch auf der Ebene des gemeinschaftlichen Diskurses eine Rolle – und bei der Frage, wie wir gesellschaftspolitischen Aktivismus organisieren. Ich selbst würde mich heute nicht mehr als «Behindertenaktivist» beschreiben, sondern bevorzuge «Aktivist für Inklusion» oder «Menschenrechtsaktivist». Das hängt auch damit zusammen, dass mir immer deutlicher klar wird, wie wichtig die intersektionale Perspektive für jegliche Art von Aktivismus ist. Damit möchte ich nicht sagen, dass Aktivismus nicht mehr auf bestimmte Themen oder die Interessen bestimmter Gruppen fokussiert sein darf – aber ich bin der Überzeugung, dass mit einer intersektionalen Perspektive unglaublich viele Möglichkeiten der Vernetzung gegeben sind. Gerade in der «Behinderten-Community» – also meiner «*Bubble*» – nehme ich aufgrund der starken Vielfalt eine «Grüppchenbildung» wahr. Auf der einen Seite ist solch eine «Abgrenzung» Teil eines Politisierungsprozesses (siehe etwa das Interview mit Horst Frehe im Kapitel «Selbstbestimmt leben?»), auf der anderen Seite würden wir viel gewinnen, wenn wir stärker in den Austausch treten würden, wenn wir Intersektionalitäten in den Vordergrund rücken würden.

Das Thema «Intersektionalität» würde genug Stoff für mehrere Bücher bieten – deshalb kann ich an dieser Stelle nur den Anspruch erheben, einige Denkanstöße zu geben und grundlegenden Input von Expert*innen einzuholen. Ich möchte betonen, dass ich mich selbst laufend im Prozess befinde, verstärkt intersektionale Perspektiven einzunehmen. Das zeigte sich im Gespräch mit Ed Greve, der als Politischer Referent beim Migrationsrat Berlin und dessen Kompetenzstelle intersektionale Pädagogik (i-PÄD) arbeitet.

Ich stellte Ed Greve folgende plakative Frage: «Was können Communitys tun, um intersektionaler zu werden?» Hier seine Antwort:

«Die erste wichtige Grundlage ist zu verstehen, dass es nicht die eine und die andere Community gibt, die nebeneinanderher leben. Menschen gehören gleichzeitig verschiedenen Communitys an oder fühlen sich zugehörig. Wenn wir Communitys streng voneinander abgrenzen, dann schließen wir damit automatisch Personen aus. Wenn wir also nicht intersektional denken, dann führt das dazu, dass Menschen, die eigentlich dazugehören, sich nicht mehr zu Hause fühlen, dass sie nicht unterstützt und nicht geschützt werden – und das gerade auch in Strukturen, die aber genau das tun wollen. Wie das zustande kommt und wie sich das auswirkt, hat die Juraprofessorin Dr. Kimberlé Crenshaw in ihren Werken ausführlich erklärt.

Menschen sind auch keine Sammelkarten, die man in den einen oder anderen Ordner abheften kann – so nach dem Motto: Wenn ich alle diskriminierten Gruppen zusammenhabe, dann kann ich behaupten, jetzt das intersektionalste Projekt aller Zeiten auf den Weg zu bringen. Aus intersektionaler Perspektive stellt sich die Frage nicht, ob eine Person dieser oder jener Community angehört. Vielmehr stehen Organisation und Vernetzung einzelner Gruppen oder Aktivist*innen zu bestimmten Themen aus möglichst vielen unterschiedlichen Perspektiven im Vordergrund.»

Über seine Arbeit in der politischen Bildung und Antidiskriminierung sagt Ed Greve weiterhin, dass es immer auch darum gehe, Gemeinsamkeiten zu finden:

«Im Migrationsrat haben wir beispielsweise den gemeinsamen Nenner ‹Menschen, die von Rassismus betroffen sind›. Der erste Schritt besteht darin zu schauen, wer von

Rassismus betroffen sein kann – das sind Menschen mit Behinderung, die of Color sind, das sind queere Personen of Color, das sind trans und cis Personen of Color und so weiter. Dann setzen wir uns zusammen und fragen einander: ‹Was brauchen wir, um teilzuhaben? Was sind die Probleme, auf die wir jeweils stoßen?› – und zwar nicht nur bezogen auf die eigene Community, sondern natürlich auch auf die Mehrheitsgesellschaft. Im Anschluss kann man sich dann anschauen, wie Rassismus oder Behindertenfeindlichkeit in der Gesellschaft wirken. Dann kann man ins Gespräch kommen: ‹Was fordern wir noch, ergänzend zu dem, was wir jetzt gerade gefordert haben.› Communitys fahren also nicht nebeneinander her, sondern bauen aufeinander auf.»

Diese Idee des Aufeinander-Aufbauens finde ich deshalb so wichtig, weil ich das Gefühl habe, dass gerade im Bereich der Inklusionsdebatte noch ganz oft in voneinander getrennten Grüppchen operiert wird. Wenn ich frage: «Wie können wir intersektionaler werden?», dann steckt dahinter auch die Frage: «Wie können wir uns besser untereinander vernetzen» – und zwar nicht nur im aktivistischen Bereich, sondern gesamtgesellschaftlich. Wie das in Bezug auf die Inklusionsdebatte funktionieren kann und was falsch läuft, habe ich im Gespräch mit Politfluencer*in Fluff thematisiert.

«Wir müssen Intersektionalitäten sichtbarer machen, statt die individuelle Behinderung in den Vordergrund zu stellen» – **Fluff**

FLUFF ist Teil des Kollektivs minzgespinst[5], das Vorträge, Bildungsarbeit, Sensitivity Reading und Workshops zu queeren, feministischen und behindertenaktivistischen Themen anbietet. Die Plattform dient der intersektionalen Vernetzung und setzt Schwerpunkte auf die Themen *Empowerment* und *Awareness*. Fluff benutzt die Pronomen es und nims.[6]

Raúl: Fluff, du hast auf einer Veranstaltung in einem Redebeitrag gesagt, dass du «lebende Intersektionalität»[7] bist. Kannst du diesen Gedanken näher ausführen?

Fluff: Ich wollte damit deutlich machen, dass ich sehr viele verschiedene Diskriminierungsmarker in mir vereine, dementsprechend auch in vielen Diskriminierungskategorien einen Erfahrungshorizont habe und vor allem auch erlebe, welche spezifischen Probleme die Kombination dieser Merkmale aufwirft. Ich bin queer, trans, auf Hormontherapie, aber ohne Operationen, *high femme,* aber trotzdem nichtbinär. Ich bin autistisch, psychisch krank, pflegebedürftig, aber trotzdem selbstständig. Über Rassismuserfahrungen möchte ich nicht öffentlich reden, das Thema ist komplex. Mein Aktivismus bezieht sich aber vor allem auf die Themen Geschlecht, Sexualität und Behinderung.

Raúl: Wie macht sich diese Intersektionalität von Diskriminierungskategorien bei dir bemerkbar?

Fluff: Ein Beispiel ist die Intersektionalität von Geschlecht und Behinderung: Ich bin zu trans für autistische Räume und zu autistisch für queere Räume. Das merke ich beispielsweise, wenn es um die Debatte um geschlechterneutrale Sprache und die Verwendung von Sonderzeichen[8] geht. Autistische Menschen argumentieren, dass es Neurodivergenzen gibt, mit denen diese Schriftsprache nur schwer oder überhaupt nicht lesbar ist. Vor allem nichtbinäre Menschen betonen aber, dass die Verwendung von Sonderzeichen sinnvoll und notwendig ist, um *alle* Geschlechter sichtbar zu machen. Ich sitze zwischen den Stühlen und merke, dass beide Gruppen Menschen wie mich, die beide Merkmale haben, oft gar nicht im Blick haben. Es wird nicht wahrgenommen, dass der Marker «Autismus» potenziell bestimmte Barrieren bei der Zugehörigkeit zu queeren Räumen bedeutet und umgekehrt. Stattdessen wird so getan, als würden Menschen mit Diskriminierungsmerkmalen verschiedenen voneinander abgetrennten Gruppen angehören. Ich befinde mich sowohl im Alltag als auch in meinem Aktivismus permanent in Schnittmengen, die nicht mitgedacht werden.

Raúl: Ich habe manchmal das Gefühl, dass in der Community der Menschen mit Behinderungen dieses «Lagerdenken» in besonderer Weise relevant ist. Wenn über Barrierefreiheit gesprochen wird, nehme ich beispielsweise wahr, dass behinderte Menschen bedingt durch ihren Erfahrungshintergrund stark auf die Barrieren fixiert sind, die sie selbst betreffen.

Fluff: Ich glaube, die Community der behinderten Menschen hat gleichzeitig den Vorteil und den Nachteil, dass sie unglaublich heterogen, groß und vielfältig ist. Ich würde sogar so weit gehen zu sagen, dass es gar nicht «den Behindertenaktivismus» gibt, sondern vielmehr Menschen, die blinden Aktivismus, rollstuhlgerechten Aktivismus, autistischen Aktivismus und so weiter machen. Grob umschrieben könnte man von drei «Lagern» sprechen: erstens Menschen, denen eine geistige Behinderung zugesprochen wird, zweitens körperlich behinderte Menschen und drittens Menschen mit einer psychisch/neurologischen Behinderung. Unterschiedliche Bedürfnisse können dazu führen, dass man sich bei der Suche nach passenden Lösungsansätzen für bestehende Barrieren widerspricht – und die Wahrnehmung von innen und außen wird dadurch natürlich auch beeinflusst.

Raúl: Deinen Punkt möchte ich noch durch eine kritische Selbstreflexion ergänzen. Ich habe meine eigene Behinderung lange herunterzuspielen versucht, indem ich sie zu anderen Behinderungsformen in Beziehung gesetzt habe. So nach dem Motto: «Ich sitze zwar im Rollstuhl, aber funktioniere doch eigentlich hinreichend in der Mehrheitsgesellschaft. Es gibt doch andere Menschen, die viel ‹behinderter› sind als ich.» Heute weiß ich, dass diese Denkweise eine Form des internalisierten Ableismus ist. Ich wollte damit meine eigene Behinderung relativieren, wollte keine Belastung sein, wollte mich an den gefühlten Leistungserwartungen Nichtbehinderter messen. Aber damit habe ich gleichzeitig andere behinderte Menschen – obwohl ich das in keiner Weise beabsichtigte – abgewertet, um meine Selbstwahrnehmung aufzuwerten.

Fluff: Das kann ich nachfühlen. Viele dieser Bewertungsschemata haben sich in behinderten Menschen verfestigt, weil sie immer wieder von der Mehrheitsgesellschaft auf diese Einordnung hingewiesen werden. Ich werde beispielsweise immer wieder gefragt, ob ich denn «wirklich behindert» sei – schließlich könne ich sehen, säße nicht im Rollstuhl, könnte mich kohärent ausdrücken und so weiter. Menschen nehmen wahr, dass ich auf einer Bühne stehe und über Stunden Workshops leiten kann. Sie nehmen nicht wahr, dass ich durch den *Overload* – also die Reizüberflutung und Belastung dieses Auftritts, die durch meinen Autismus exponentiell verstärkt wird – anschließend tagelang in einem abgedunkelten Ruheraum verbringen muss. An behinderte Menschen werden je nach Behinderungsform unterschiedliche Erwartungen gestellt – und diese werden internalisiert, wodurch sich die angesprochenen «Abstufungen» innerhalb der Community verfestigen.

Raúl: Macht die Grundkonstellation der Heterogenität und der Vielfalt der Einschränkungsformen innerhalb der Behinderten-Community es besonders schwierig, intersektional zu denken, oder kann das auch ein Vorteil sein?

Fluff: Durch die schiere Größe und Vielfalt der Behinderten-Community sind de facto alle Intersektionalitäten vorhanden. Die meisten Behinderungen sind erworben, nicht angeboren. Somit ist «Behinderung» eine Diskriminierungskategorie, die sich von anderen unterscheidet. Du kannst alle Diskriminierungserfahrungen haben und zusätzlich behindert sein. Du kannst eine cis Frau und behindert sein. Du kannst eine trans Frau und behindert sein. Du kannst eine Schwarze trans Frau und behindert sein. Du kannst mehrere Behinderungen haben und so weiter. Es ist eine Besonderheit der Behinderten-Community, dass Behinderung keinen anderen Diskriminierungsmarker ausschließt. Behinderung ist eine Diskriminierungskategorie, zu der sehr oft noch andere Diskriminierungsformen hinzukommen. Das macht es in der Tat komplizierter, aber birgt auch großes positives intersektionales Potenzial.

Raúl: Und wie können wir es als behinderte Aktivist*innen schaffen, intersektionaler zu denken?

Fluff: Wir müssen die vielfältigen Intersektionalitäten sichtbarer machen, statt die individuelle Behinderung in den Vordergrund zu stellen. Der Prozess der Auseinandersetzung mit der eigenen Behinderung ist ein wichtiger Schritt in der Identitätsfindung und eventuell auch einer Politisierung – ich möchte das in keiner Weise kleinreden. Doch eine wichtige Grundvoraussetzung für intersektionales Denken besteht darin, dass auch relevant ist, was abseits der eigenen Betroffenheit passiert. In der Praxis scheint die Umsetzung dieses Gedankens schwierig, denn viele Menschen sind mit den eigenen Diskriminierungen und Barrieren bereits sehr stark belastet. Intersektional zu denken heißt aber nicht, dass sich alle Menschen Expert*innenwissen zu allen Diskriminierungsarten aneignen müssen. Es wäre schon viel gewonnen, wenn wir bei Themen, die uns nicht selbst betreffen, als *Allies* – als Verbündete – auftreten, uns zurücknehmen, die Forderungen einer diskriminierten Gruppe ernst nehmen und sie vielleicht sogar unterstützen. Wir sollten auch sensibler für den Dominoeffekt werden, der bei der intersektionalen Dimension von Diskriminierung eine Rolle spielt: Je mehrfacher eine Person marginalisiert ist, desto mehr Konsequenzen hat das für ihren Alltag.

Raúl: Ein sehr wichtiger Punkt!

Ich möchte gerne noch mit dir darüber sprechen, wie sich die Wahrnehmung bestimmter Gruppen in den letzten Jahren verändert hat. Ich nehme bezüglich der Außenwirkung einiger marginalisierter Communitys einen Trend zur Massentauglichkeit wahr: *Queer Culture* oder *Black Culture* haben es scheinbar in den kulturellen «Mainstream» geschafft – beispielsweise über Streaming-Serien, Modetrends oder Musik. Woran liegt es, dass die Behindertenbewegung keine vergleichbare Strahlkraft entwickeln kann?

Fluff: Ich denke, auch hier spielt die bereits angesprochene Heterogenität der Behinderungs-Community eine große Rolle. Eben weil es so vielfältige Bedürfnisse und Wahrnehmungen innerhalb der Community gibt, ist es umso schwieriger, sie zu vereinheitlichen und damit neoliberal vermarktbar zu machen. Die von dir angesprochenen Beispiele sind auch deshalb so präsent im Mainstream, weil die Mehrheitsgesellschaft sie sich gut aneignen kann. Seit die Christopher-Street-Day-Veranstaltungen (CSDs) von Protestaktionen zu Partymeilen wurden, lassen sich Schuhe und Jacken in Regenbogenfarben gut verkaufen. Man kann heute auch wunderbar ein Bild von zwei sich küssenden Männern für das nächste Werbeplakat nutzen und sich mit *Diversity* schmücken, oder man geht so weit, die eigene Eisteemarke mit *Blackfishing* – also dem Versuch eigentlich *weißer* Influencer*innen, möglichst Schwarz zu wirken – zu bewerben. *Queer Culture* und *Black* bzw. *PoC Culture* ist «sexy» geworden, und damit lässt sich eine Menge Geld verdienen, das am Ende jedoch nicht in den marginalisierten Communitys, sondern bei Privilegierten landet.

Raúl: Kann Behinderung auch in dieser Weise sexy sein bzw. so vermarktet werden? Der kleinwüchsige Schauspieler Peter Dinklage, der unter anderem in der Fantasy-Serie *Game of Thrones* eine tragende Rolle gespielt hat, wurde beispielsweise schon mehrere Male zum «*Sexiest Man Alive*» gekürt.[9]

Fluff: Die Frage ist, ob diese Wahrnehmung noch etwas mit Behinderungen zu tun hat. Behinderungen wurden und werden mehrheitlich immer noch stark als Mangel oder Erkrankung angesehen. «Sexy» in der Art und Weise, wie wir jetzt davon sprechen, nämlich als massentaugliche Vermarktbarkeit, wurden viele Personen und Gegenstände erst, wenn sie nicht mehr mit diesem Bild von Behinderung assoziiert wurden. Denken wir etwa an die Brille, die von einer Sehhilfe zum Modeaccessoire geworden ist.

Ich würde grundsätzlich infrage stellen, ob eine verbesserte Vermarktbarkeit, ob ein «sexy Image» uns überhaupt dabei helfen kann, eine wirkliche, radikale Bewusstseinsveränderung herbeizuführen. Wenn ich mir anschaue, in welcher Weise nichtweiße Communitys und auch queere Communitys in der Mehrheitsgesellschaft instrumentalisiert werden, dann bin ich unsicher, ob ich mir wünschen soll, dass die Behinderungs-Community irgendwann mal «sexy» wird. Es gibt heute alternative CSDs, weil die bestehenden Veranstaltungen nichts mehr mit dem ursprünglichen Grundgedanken zu tun haben. Auch auf das Thema «Behinderung» bezogen sehe ich viele Entwicklungen kritisch. Unternehmen werben etwa offensiv damit, dass sie Produkte in Werkstätten für behinderte Menschen herstellen lassen – damit wird eine scheinbar inklusive Maßnahme als etwas Wünschenswertes dargestellt, «sexy» gemacht, die aber in Wirklichkeit der Idee der Inklusion entgegenläuft.

Raúl: Da stimme ich dir vollkommen zu – diese Art von *Inklusionswashing* ist eine große Gefahr in diesem Kontext, und wir sollten sehr differenziert über Massentauglichkeit nachdenken. Ich frage mich trotzdem, ob etwa die *Pride*-Bewegung in ihrer Selbstwirksamkeit – also in der Art und Weise, wie diese Bewegung sich *empowert* hat und ihr Selbstbild neu definiert hat – als Vorbild für die Behindertenbewegung gelten kann.

Fluff: Aus intersektionaler Perspektive halte ich die Krüppelfrauen[10] für das bessere Vorbild. Als behinderte trans Person hat mich diese Bewegung unheimlich *empowert*. Die Krüppelfrauen haben radikale politische intersektionale Grundlagenarbeit geleistet, ohne je den Begriff «Intersektionalität» zu benutzen.

Sie haben festgestellt: «Wir passen hier nicht rein – und zwar aus mehreren Gründen». Als behinderte **Frauen** erfuhren sie in der Behinderten-Community Diskriminierung, aber als **behinderte** Frauen wurden sie auch in der *abled* feministischen Bewegung nicht anerkannt. Die Krüppelfrauen haben uns gezeigt, dass wir nicht nach Intersektionalitäten suchen müssen – denn die sind immer schon da. Stattdessen müssen wir sie anerkennen und lernen, sie in unserer aktivistischen Arbeit besonders zu beachten.

Wege zu mehr Intersektionalität und Vernetzung

Die Community der behinderten Menschen ist sehr heterogen und vielfältig. Die Adaption einer intersektionalen Perspektive ist vor diesem Hintergrund ein logischer Schritt: Lasst uns mehr Vernetzung wagen und über den Tellerrand der eigenen Betroffenheit hinausschauen – denn nur dann kommen wir im Prozess der Inklusion voran. Einige Erkenntnisse aus diesem Kapitel:

- Über strukturelle Probleme zu sprechen, ist gut und wichtig, aber dabei darf die individuelle Perspektive nicht verloren gehen. Strukturelle Gewalt manifestiert sich in individuellen Diskriminierungserfahrungen – und Diskriminierung ist sehr oft intersektional.
- Communitys existieren nicht nebeneinander als abgetrennte Räume, sondern bauen aufeinander auf. Nur wenn wir in den Austausch treten, kommen wir gesamtgesellschaftlich weiter.
- Die «Lagerbildung» im «Behinderungsaktivismus» führt dazu, dass verschiedene Gruppen besonders im Bereich der

eigenen Betroffenheit aktiv werden. Das ist gut und wichtig – aber durch die Vernetzung und eine intersektionale Perspektive gewinnen wir alle gleichermaßen an Strahlkraft und können uns besser mit anderen solidarisieren.

- In den Communitys der behinderten Menschen sind bereits alle Intersektionalitäten vorhanden. Wir müssen sie sichtbarer machen – sei es durch intersektionale Aufklärungsarbeit oder auch den verstärkten Austausch untereinander.

- Zum Austausch gehört auch, dass wir die Bedürfnisse unterschiedlicher Gruppen ernst nehmen. Auch bei den Zugängen zu Communitys gibt es Barrieren, die wir abbauen müssen.

- Massentauglichkeit heißt nicht Gleichberechtigung: Wir sollten von der veränderten Außenwahrnehmung bezüglich der Merkmale «queer» und «Schwarz» lernen. «Behinderung» muss nicht zwingend sexy werden. Wenn die «Mehrheitsgesellschaft» sich mit marginalisierten Communitys solidarisieren will, dann geht das nur über Zuhören, Begegnung und echten Austausch.

TEIL III

Was uns wirklich weiterbringt

Die Faktoren echter Veränderung

D ie Auseinandersetzung mit den in Teil II angesprochenen «ungelösten Fragen der Inklusion» macht deutlich, dass Wege zur Inklusion nur ganzheitlich erschlossen werden können. Dazu einige konkrete Beispiele:

1) Eine gleichberechtigte Teilhabe auf dem allgemeinen Arbeitsmarkt ist nur möglich, wenn auch die Privatwirtschaft möglichst barrierefrei aufgestellt ist.
2) Die politische Partizipation von Menschen mit Lernschwierigkeiten oder Menschen, denen eine sogenannte geistige Behinderung zugesprochen wird, kann nur funktionieren, wenn es verständliche Informationsangebote – beispielsweise in Einfacher Sprache – gibt und auch in der Schulbildung politisches Grundlagenwissen für alle auf dem Lehrplan steht.

Diese enge Verbindung der einzelnen Themenbereiche der Inklusion wird umso deutlicher, wenn wir auf die Ebene der Erkenntnisse und Forderungen aus Teil II dieses Buches wechseln. Hier zeigten sich zwei grundlegende Faktoren für echten Fortschritt im Prozess der Inklusion.

Der erste Faktor betrifft den Bereich der Politik. Darunter fallen etwa konkrete Änderungen von Gesetzen (beispielsweise eine stärkere Sanktionierung bei Verstößen gegen die

Menschenrechte), die Organisation und Finanzierung von Systemänderungen (beispielsweise die Reformierung des Bildungs- oder des Werkstättensystems), aber auch die Sicherstellung adäquater Beratung und Rechtsvertretung für Menschen mit Behinderungen.

Politische Forderungen und daraus resultierende Gesetzesanpassungen sind für echte Inklusion zentral, denn damit werden auf rechtlicher Ebene die Regeln unseres Zusammenlebens festgelegt. Aber kein Gesetz und keine Verpflichtung der Welt können dazu führen, dass behinderte Menschen gesellschaftlich anders wahrgenommen werden – die Anpassung einer grundlegenden Haltung kann man nicht vorschreiben. Den zweiten Faktor für echte Veränderung sehe ich deshalb im Bereich der Kultur. Unter «Kultur» verstehe ich hier nicht nur den Bereich der künstlerischen Gestaltung, sondern vielmehr die Art und Weise unseres gesellschaftlichen Zusammenlebens, unsere Wertvorstellungen und unsere erlernten und internalisierten Verhaltensweisen.

Für echten Fortschritt im Bereich der Inklusion müssen wir sowohl den Faktor «Politik» als auch den Faktor «Kultur» beachten – politische Veränderungen sowie kultureller Wandel bedingen sich gegenseitig. In Teil II habe ich gemeinsam mit meinen Gesprächspartner*innen bereits zahlreiche politische Forderungen formuliert und Wege aufgezeigt, wie sich dieser Bereich ändern muss. Es ist mir wichtig, dass Sie als Leser*innen dieses Buches über die aktuelle Gesetzessituation und die politische Debatte aufgeklärt werden – denn nur so können Sie sich im politischen Diskurs einsetzen. Wir müssen auch weiterhin für politischen Wandel einstehen – ob bei Demonstrationen und anderen Formen des demokratischen Aktivismus oder in Gremien, Ausschüssen und nicht zuletzt mit unserem Kreuz auf den Wahlunterlagen. Aber nicht jede*r Mensch hat die Energie, die Zeit oder den Willen, sich fortwährend politisch zu engagieren. Das ist legitim und auch verständlich – besonders vor dem Hintergrund, dass politischer Fortschritt nur selten in großen Sprüngen gemacht wird und die individuellen Gestaltungsmöglichkeiten begrenzt sind. Im dritten Teil dieses Buches möchte ich mich deshalb auf den Faktor «Kultur» konzentrieren, der für uns alle tagtäglich präsent ist – sei es in unserer eigenen Haltung oder im Austausch mit anderen. Dabei werde ich kulturelle Wege zur Inklusion erforschen, neue Perspektiven auf «Behinderung» anregen und versuchen zu beschreiben, wie eine inklusive Gesellschaft aussehen könnte, in der Menschen mit Behinderungen nicht mehr ausgesondert werden, sondern ein selbstverständlicher Teil des Ganzen sind.

Beginnen möchte ich mit der Vorstellung und Diskussion einiger Gedanken des kanadischen Aktivisten Al Etmanski, den ich im Rahmen meines Ashoka-Fellowships[1] traf.

Eine neue Kultur

Al Etmanski habe ich als ambitionierten und kreativen *Communitybuilder* kennengelernt, der als Ashoka-Fellow bei seinem Projekt «Planned Lifetime Advocacy Network (PLAN)»[1] gefördert wurde. PLAN nimmt eine spezifische ungelöste Frage der Inklusion in den Fokus: Was passiert mit assistenzbedürftigen Menschen, die bisher von ihren Eltern unterstützt wurden, wenn diese sterben? Etmanskis Ansatz beinhaltet einen starken Community-Aspekt. Im Rahmen von PLAN sollen sogenannte «Personal Support Networks» entstehen – also Netzwerke von Personen, die im Leben der unterstützungsbedürftigen Person eine Rolle spielen und in ganz verschiedenen Bereichen wirksam werden – von emotionaler Assistenz, über professionelle Beratung bis hin zu materieller Unterstützung. Dabei hilft PLAN bei der Organisation der Netzwerke – immer mit dem Fokus auf das Individuum im Mittelpunkt. Etmanski hat selbst keine Behinderung. Er ist Vater einer Tochter mit Down-Syndrom und hat mich damals beeindruckt, weil er – im Gegensatz zu vielen anderen Eltern behinderter Kinder – nicht in die Falle des «unersetzlichen Versorgers» tappt, sondern als echter Verbündeter auftritt. Auch heute engagiert sich Etmanski in verschiedenen Initiativen für Menschen mit Behinderungen – aktuell unterstützt er beispielsweise die Graswurzelkampagne *Disability without Poverty*, die ein bedingungsloses Grundeinkommen für Menschen mit Behinderungen in Kanada durchsetzen will.[2] Etmanski geht es in seinem Aktivismus darum, wirkliche Veränderungen herbeizuführen – bei ihm gibt es keine Ausreden, warum etwas nicht geht, sondern Ideen, wie es funktionieren könnte. Das hat mich dazu veranlasst, in der Recherche für dieses Buch erneut mit ihm Kontakt aufzunehmen. Neben dem Austausch über unsere Projekte hat mich aber vor allem seine generelle Sicht auf das Thema «Behinderung» inspiriert.

Al Etmanski ist gemeinsam mit seiner Frau Vicky Cammack, der späteren Ko-Gründerin von PLAN, kurz nach der Geburt ihrer Tochter Liz zu einer fundamentalen Einsicht gekommen: Ihre Tochter würde in ihrem Leben nicht von der Tatsache eingeschränkt werden, dass sie mit dem Down-Syndrom geboren wurde, sondern vielmehr von der Art und Weise, wie ihre und andere Behinderungen gesellschaftlich wahrgenommen werden. Etmanski formuliert diese Grundüberzeugung, die er bis heute vertritt, folgendermaßen:

«Die Haltung zu und die kulturelle Perspektive auf Menschen mit Behinderungen ist die Grundlage aller materiellen Schwierigkeiten, mit denen sie konfrontiert sind. Kultur ist wie ein unsichtbarer Anker: Egal wie stark der Wind ist, der in die Segel bläst, der Anker hält das Schiff zurück.»[3]

Kultur ist hier – wie ich schon im vorigen Abschnitt beschrieben habe – nicht auf Kunst beschränkt, sondern es geht Etmanski um kulturelle Narrative, also um Haltungen und Ansichten, die in der Gesellschaft zum Thema Behinderungen eingenommen werden. (Wir haben bereits in Teil I dieses Buches einige «Modelle von Behinderung» kennengelernt, die Beispiele für solche kulturellen Narrative sein könnten.) Etmanskis Kernpunkt ist, dass bestimmte immer wieder reproduzierte kulturelle Perspektiven auf Behinderung echten Wandel verhindern – deshalb ist Kultur der unsichtbare Anker, der uns am Vorankommen hindert. Hier schließt sich der Kreis zu meiner eigenen These, die ich zu Beginn dieses Buchteils aufgestellt habe: Eine wichtige Grundbedingung für Inklusion ist ein kulturelles Umdenken, denn das ist eine der Voraussetzungen dafür, auch auf der Ebene der Politik echten Wandel zu erreichen.

Diese Idee scheint auf den ersten Blick abstrakt, ist aber ganz praktisch nachvollziehbar. Nehmen wir das Beispiel verpflichtender Vorschriften zur Barrierefreiheit, die auch in der Privatwirtschaft gelten müssen. Das ist eine politische Forderung, die nur schwer oder zumindest sehr viel langsamer durchsetzbar ist, solange Behinderung kulturell weiterhin als Defizit angesehen wird. Wenn die Gesamtgesellschaft ihre grundsätzliche Haltung ändert – wenn Barrierefreiheit als grundlegendes Menschenrecht begriffen wird statt als Kostenfaktor für eine eingeschränkte Gruppe, die mit einem Makel behaftet ist – dann hat diese politische Forderung auf einmal eine ganz andere Tragweite und Schlagkraft.

Al Etmanski will in seinem aktuellen Buch *The Power of Disability*[4] nun deutlich machen, dass eine Perspektive, die Behinderung als Mangel ansieht, nicht nur falsch ist, sondern auch die kulturelle Kraft von Menschen mit Behinderungen verkennt. Oder anders ausgedrückt: Etmanski schlägt vor, den Fokus nicht auf die *Nachteile* von Behinderung zu legen, sondern das positive kulturelle Potenzial von Menschen mit Behinderungen hervorzuheben. Dabei stellt er fünf «kulturelle Kräfte» vor,[5] die den Blick auf das Thema «Behinderung» verändern könnten:

1. Die Kraft der Mehrheit

Behinderte Menschen bilden mit 1,2 Milliarden Menschen weltweit die größte «Minderheit». Zählt man ihre Familien, Freund*innen und Verbündete mit, so haben 4,6 Milliarden der Weltbevölkerung einen persönlichen Bezug zu Behinderung. Damit ist eine marginalisierte Gruppe von Menschen die zumindest zahlenmäßige Mehrheit.

2. Die Kraft der Inklusivität

In der Welt der Behinderungen gibt es Überschneidungen mit allen Geschlechtern, Ethnien, Glaubensrichtungen, sexuellen Orientierungen, Einkommensverhältnissen, Gesundheitszuständen, Lebensformen und Altersgruppen. Durch diese intersektionale Grundlage fällt es Menschen mit Behinderungen und ihren Verbündeten leichter, Unterschiede als natürliche Tatsachen zu begreifen, die begrüßt und gefeiert werden sollten.

3. Die Kraft des Einfallsreichtums

Behinderte Menschen werden jeden Tag mit einer Welt konfrontiert, die nicht auf ihre Bedürfnisse und Rechte ausgelegt ist – mit einer Welt, die nicht für sie geschaffen wurde. Es gibt daher keine andere Gruppe von Menschen auf der Welt, die besser darin ist, sich kreative Lösungen für Herausforderungen auszudenken. Viele Innovationen aus der Welt der Behinderungen kommen auch Menschen ohne Behinderungen zugute.

4. Die Kraft der Authentizität

In unserer derzeitigen Kultur spielen die Mythen des Individualismus, der Unabhängigkeit und der Unverwundbarkeit eine tragende Rolle. Solche Narrative verkennen, dass wir Probleme am besten gemeinsam angehen können. Die Behindertenbewegung bietet eine authentische Alternative zu diesen Erzählungen.

5. Die Kraft der Einheit

Durch die schiere Anzahl von Menschen mit Behinderungen und ihren *Allies* sowie ihren einzigartigen intersektionalen Zugang könnte das Thema «Behinderung» zu einer großen gesellschaftlichen Brücke werden – und zwar gerade in Zeiten der Unsicherheit und der Teilung.

Ich finde Al Etmanskis Idee, dem kulturellen Blick auf «Behinderung» einen neuen Rahmen zu geben, grundsätzlich sehr sinnvoll. Seine fünf Kräfte bieten meiner Meinung nach gute Diskussionsansätze, die wir in diesem Buch teilweise auch schon aufgenommen haben (siehe beispielsweise das Kapitel «Intersektional denken?» in Teil II). Auch die Idee, dass wir davon wegkommen müssen, behinderte Menschen als gesellschaftliche Minderheit anzusehen, hat viel Potenzial. Ich möchte allerdings zwei Punkte starkmachen, die aus meinem eigenen Denken zum Thema «*Reframing* von Behinderung» resultieren.

Erstens halte ich es für gefährlich, den Blick auf Behinderung komplett von «Behinderung ist eine Herausforderung» wegzulenken. Denn das verkennt nicht nur die schmerzhaften individuellen Erfahrungen der Betroffenen, sondern auch die Benachteiligung behinderter Menschen, die sich sowohl in strukturellem als auch in internalisiertem Ableismus äußert. Diese Ebene muss sichtbar sein – die Erfahrungen müssen anerkannt, thematisiert und reflektiert werden, wenn sich wirklich etwas ändern soll.

Zweitens finde ich, dass der erste Schritt zu einem kulturellen *Reframing* nicht unbedingt auf der gesamtgesellschaftlichen Ebene stattfinden sollte, sondern vielmehr in der Eigenwahrnehmung behinderter Menschen – denn ansonsten werden wieder Narrative *über* behinderte Menschen geprägt statt *von* ihnen. Im nächsten Abschnitt möchte ich den Prozess meines persönlichen *Reframings* vorstellen, der sich mit dem Begriff «*Disability Pride*» beschäftigt.

Disability Pride

In der LGBTQIA*-Community spielt der Begriff «*Pride*» eine wichtige Rolle, wenn es um den selbstbewussten – wörtlich übersetzt «stolzen» – Umgang mit der eigenen sexuellen, romantischen und geschlechtlichen Identität geht.[6] Sie feiern das Überleben, die Existenz und den Kampf um Grund- und Menschenrechte in einem System, das von Queerfeindlichkeit geprägt ist. Etwas, wo sich auch die behinderte Community wiederfinden kann. Auf den heute recht bekannten *Pride*-Paraden wird dieses positive Selbstwertgefühl gefeiert und öffentlichkeitswirksam sichtbar gemacht. Sogar ein ganzer Monat – der Juni – ist dieser Haltung als «*Pride Month*» gewidmet. Was hierzulande kaum jemand weiß: Für die Behindertenbewegung gibt es analog im Juli den «*Disability Pride Month*», der auf die erfolgreiche Durchsetzung des grundlegenden Americans with Disabilities Act (ADA) im Jahre 1990 zurückgeht. Damals kämpften Aktivist*innen für mehr Sichtbarkeit und die Zementierung der Bürgerrechte für Menschen mit Behinderungen – der Beschluss von ADA war ein Triumph, den man jährlich im Juli stolz feierte. Doch «*Disability Pride*» ist nicht nur auf dieses historische Ereignis bezogen, sondern umfasst viel mehr. Beim *Disability Pride Month* geht es bis heute darum, behinderte Menschen und ihre Erfahrungen öffentlich sichtbarer werden zu lassen, sich gegen Ausgrenzung und Exklusion zu stellen. Und es geht darum, die Perspektive auf die eigene Behinderung selbstbewusst zu zelebrieren.

Mit dem letztgenannten Punkt hatte ich persönlich einige Probleme – ich konnte bis vor einigen Jahren für mich selbst nicht definieren, auf was ich als behinderter Mensch «stolz» sein sollte. Meine körperliche Einschränkung konnte es in meiner damaligen Perspektive nicht sein, denn diese verursachte mir Schmerzen und sorgte dafür, dass andere Unannehmlichkeiten wegen mir hatten. Und mehr noch: Ich sah mich selbst als Unannehmlichkeit. Ich hatte Schuldgefühle, fühlte mich gedemütigt und schämte mich – alles wegen meiner Behinderung. Erst mit den Jahren habe ich verstanden, dass dieses Selbstbild eine krasse Form des internalisierten Ableismus war, die ich von einer weitverbreiteten Meinung über behinderte Menschen abgeleitet hatte. (Siehe dazu das Kapitel «Die unsichtbare Norm» in Teil I.) Heute kann ich sagen, dass ich mich nicht mehr für meine Behinderung schäme und sie als Teil meiner Identität akzeptiert habe. Meine Behinderung ist jeden Tag präsent, und ich assoziiere viele negative Erfahrungen damit. Gleichzeitig wird mir aber immer klarer, dass viele dieser Erfahrungen nicht mit der Behinderung selbst zu tun haben, sondern mit der gesellschaftlichen Bewertung dieses Merkmals und damit auch meiner Person. Aber auch heute fällt es mir noch schwer, auf meine Behinderung stolz zu sein – und das hat mit der Art zu tun, wie wir dieses Wort verstehen. Den Begriff «Stolz» könnte man als «angemessene oder gerechtfertigte Selbstachtung»[7] definieren – und das ist doch eine Selbstwahrnehmung, die jedem Menschen ohne gesellschaftliche Einflussnahme gestattet sein muss. Unter «*Disability Pride*» verstehe ich also kein naturgegebenes Selbstwertgefühl – wie es beispielsweise der Duden[8] vorschlägt –, sondern für mich beschreibt dieser Begriff den Prozess der Auseinandersetzung mit der eigenen Behinderung als Teil der Identität. Und das ist ein Prozess der unheimlich befreiend und *empowernd* sein kann. Das geht allerdings nur, wenn wir jedem Menschen mit Behinderung zugestehen, diesen Prozess selbstbestimmt zu durchlaufen – denn jede*r hat eine eigene Geschichte, eigene Erfahrungen und letztlich auch einen einzigartigen Blick auf die Welt. «*Disability Pride*» darf also nicht heißen, dass alle behinderten Menschen auf einmal positiv auf ihre Behinderung blicken sollten – das entscheidet jede*r für sich. Ich kann und möchte an dieser Stelle also nur beschreiben, warum sich meine Perspektive auf meine Behinderung verändert hat und warum ich heute selbstbewusst den «*Disability Pride Month*» feiern kann.

Ich habe in diesem Buch immer wieder über meine eigene Erfahrung mit dem Thema «internalisierter Ableismus» gesprochen. Mein Weg zu einer «angemessenen Selbstachtung» hat viel mit der Hinterfragung meiner internalisierten Glaubenssätze zu tun: Je mehr ich über die strukturellen Hintergründe meiner Scham und Verlegenheit bezüglich meiner Behinderung nachdenke, desto mehr lassen diese negativen Gefühle auch nach. Trotzdem war und ist es unglaublich schwierig, sich von solchen Selbstzweifeln und einem negativen Selbstbild zu befreien – besonders wenn es immer wieder gesellschaftlich gespiegelt und reproduziert wird. Ein wichtiger Schritt zum *Reframing* meiner Behinderung war deshalb der Kontakt und Austausch mit anderen behinderten Menschen. Durch die persönlichen und digitalen Begegnungen, durch anregende Gespräche und Diskussionen und durch gemeinsame Ziele und Bestrebungen fühle ich mittlerweile eine grundsätzliche Verbundenheit zu anderen Menschen mit Behinderungen – und dieses Gefühl ist sogar unabhängig davon, ob man sich kennt oder getroffen hat. Der gemeinsame Erfahrungshintergrund gibt mir Kraft, und er gibt mir das Gefühl, nicht allein mit meinen Problemen zu sein. Außerdem hat sich mein Blick auf meine eigene Behinderung gewandelt. Während ich früher nur auf die Nachteile und schmerzhaften Erlebnisse fokussiert war, kann ich heute auch die andere Seite der Medaille wertschätzen: Ich bin durch meine Behinderung notgedrungen zum Problemlöser geworden und habe eine besondere Perspektive auf die Welt – ganz wie Al Etmanski es mit der «Kraft des Einfallsreichtums» beschreibt. Stolz auf seine eigene Behinderung zu sein, heißt für mich, dass ich mich mit ihr nicht mehr verstecken möchte, mich nicht mehr wegen ihr schäme und sie akzeptiert habe. Meine Behinderung ist Teil von mir, und ich bin Teil dieser Welt. Viel einfacher wäre all das natürlich, wenn Behinderung gesamtgesellschaftlich nicht mehr als etwas «außerhalb der Norm» bewertet werden würde. Im nächsten Kapitel möchte ich mich deshalb damit beschäftigen, wie wir uns als Gesellschaft dieser Grundidee der Inklusion annähern können.

Nur die Begegnung bringt uns weiter

Ein wichtiger Anfangspunkt des kulturellen Wandels kann also auf individueller Ebene und innerhalb der Behindertenbewegung verortet werden. Aber es ist nicht die Aufgabe behinderter Menschen, die Mehrheitsgesellschaft von irgendetwas zu überzeugen – alle Menschen sind gleichermaßen beim Prozess der Inklusion gefordert. Doch wie sollen behinderte Menschen als selbstverständlicher Teil der Gemeinschaft angesehen werden, wenn sie gleichzeitig in Sonderräumen exkludiert werden? Das ist die Zwickmühle, in der wir stecken. Auf der politischen Seite muss das Ziel eine strikte Deinstitutionalisierung dieser abgeschotteten Räume sein – denn sie stellen keine Schonräume für behinderte Menschen dar, sondern höchstens für die Mehrheitsgesellschaft, die sich dann nicht mit ihnen auseinandersetzen muss. Auf der kulturellen Seite müssen wir aber einen parallelen Prozess im Blick haben.

Ich möchte an dieser Stelle noch mal einen Gedanken wiederholen: Rassistische Menschen werden nicht durch Plakatkampagnen oder Hochglanzflyer davon überzeugt, ihre Vorurteile aufzugeben oder anzupassen – und das Gleiche gilt für ableistische Menschen. Sowohl Rassismus als auch Ableismus haben ihren Kern in tief verwurzelten Ansichten und Denkweisen, die durch Sozialisierung, Sprache und viele andere Faktoren geprägt werden. Dabei geht es nicht immer um offene Ablehnung oder gar physische Gewalt. Wie schon dargestellt, kann Diskriminierung auch viel subtilere Formen annehmen. Oftmals sind Haltungen gegenüber behinderten Menschen nicht einmal bewusst, sondern laufen internalisiert im Hintergrund ab – sie sind in einer historisch geprägten gesellschaftlichen Kultur verwurzelt. Eine zentrale Frage der Inklusion lautet deshalb: Wie schaffen wir es, eine neue Alltagskultur zu etablieren, die Menschen mit Behinderungen wertschätzt?

Ich davon überzeugt, dass solche nachhaltigen kulturellen Veränderungsprozesse nur durch konkrete menschliche Begegnungen in Gang gesetzt werden können. Die oftmals zitierten «Barrieren im Kopf» können nur fallen, wenn wir einander begegnen, ins Gespräch kommen, vielleicht auch miteinander streiten und einander als Menschen in all unserer Verschiedenheit erleben.

Wenn ich davon spreche, dass wir nur durch Begegnung wirklich weiterkommen, dann habe ich vor allem Räume im Kopf, die nicht ohnehin schon als inklusive Orte angelegt sind. Ich finde solche Räume unheimlich wertvoll, und als *Safer Spaces* erfüllen sie eine wichtige Funktion – manchmal haben Menschen eben auch keine Lust oder keine Energie mehr, sich mit einer Welt auseinanderzusetzen, die sie marginalisiert. Oder sie brauchen diese sichereren Räume zur Selbstreflexion und zum gewaltfreien Austausch. Aber wenn es darum geht, eine gesamtgesellschaftliche Kultur neu zu denken, dann bringen uns solche abgesonderten Räume nur bedingt weiter. Stattdessen müssen wir im alltäglichen Leben ansetzen: in den allgemeinen Schulen, am Arbeitsplatz, in den Sportvereinen, in der Uni-Mensa, in der U-Bahn und so weiter. All das sind Räume, in denen wir miteinander in Kontakt kommen und uns miteinander auseinandersetzen müssen. Dabei können wir uns oft nicht aussuchen, wer sie außer uns noch belebt. Genau in solchen Räumen läuft der Prozess der Inklusion in besonders relevanter Weise ab. Lassen Sie mich diesen Ansatz mit einem konkreten Beispiel schärfen, das uns gleichzeitig auch als Metapher für Inklusion als Ganzes dienen kann.

Inklusion am Beispiel des Besuchs eines öffentlichen Parks

Wenn man einen Ausflug in den Park macht, dann teilt man sich diesen Raum mit vielen unterschiedlichen Menschen. Leute wollen dort einen schönen Tag verbringen – grillen, in der Sonne liegen, picknicken oder Sport machen. Jede*r Mensch kann an diesen Ort kommen und hat das gleiche Recht, dort Zeit zu verbringen – solange man sich an die grundlegenden Regeln hält. Das gleiche Recht, dort Zeit zu verbringen, heißt in diesem Kontext auch, dass der Zugang für alle gleichermaßen gewährleistet sein muss – wenn Rollstuhlnutzende gar nicht in den Park hineinkommen, weil der Zugang zum Beispiel über eine Treppe führt, dann sind sie von vornherein ausgeschlossen. Als Parkbesuchende*r kann man sich nicht aussuchen, wer sich sonst noch im Park aufhält. Man kann zwar entscheiden, wo man seine Picknickdecke hinlegt, aber man hat keinen Einfluss darauf, wer sich neben einen setzt. Wenn einem die*der Sitznachbar*in aus irgendwelchen Gründen nicht passt, dann kann man sich einen anderen Platz suchen, aber man hat kein Recht zu sagen: «Du darfst hier nicht sitzen.» Im Park müssen die Menschen, die dort Zeit verbringen, nicht zwingend in einen Austausch kommen oder sich besonders mögen – es genügt vollkommen, wenn alle als gleichberechtigt akzeptiert und toleriert werden.

Dieses Beispiel illustriert sehr anschaulich, was Inklusion ausmacht. Es erinnert mich an einen klugen Satz, den der Psychotherapeut meiner damaligen Grundschule, Fred Siebert, gesagt hat:

«Inklusion ist kein Ziel, sondern ein Prozess,
und zwar der Prozess der Annahme und der
Bewältigung von menschlicher Vielfalt»

Wenn man sich in Räumen wie dem öffentlichen Park befindet, dann kann man gar nicht anders, als sich mit der menschlichen Vielfalt auseinanderzusetzen: Verschiedene Menschen sind einfach Teil dieses Raumes, Teil dieser Welt. Dabei geht es nicht um irgendeine zauberhafte Vorstellung des Inklusionslands, in dem Milch und Honig fließen und alle Menschen komplett gleich sind. Wir sind unterschiedlich – das ist unbestritten –, aber all diese unterschiedlichen Personen müssen gemäß ihrer Menschenrechte als gleichwertige und gleichberechtigte Teilnehmende am gesellschaftlichen Zusammenleben akzeptiert und respektiert werden. Dieser Prozess der gegenseitigen Annahme bedeutet auch, dass wir als Gesellschaft mit problematischen oder unangenehmen Situationen umgehen müssen. Inklusion ist ein fortlaufender Prozess der Auseinandersetzung mit anderen – und dazu gehört neben dem produktiven und neugierigen Austausch auch der Dissens und die Reibung. Und: Niemand hat das Mandat – also die Befugnis oder den Auftrag – zu bestimmen, mit welcher Art von Mensch man sich diese Welt teilt, wem man begegnet. Behinderten Menschen keinen Zugang zu solchen Räumen der Begegnung zu ermöglichen, wäre genauso widersinnig, wie Menschen mit roten Haaren aufgrund dieses Merkmals zu exkludieren.[1]

Das Parkbeispiel illustriert nicht nur, warum Inklusion keine reine Kuschelveranstaltung sein muss und warum die Mandatsfrage so wichtig ist, sondern macht einmal mehr deutlich, warum Barrierefreiheit ein so zentrales Thema ist: Wenn man aufgrund von Umweltbarrieren gar nicht erst in den Park gelangen kann, dann wird der Grundgedanke der Inklusion behindert. Hier ist es die Aufgabe der Politik, dafür zu sorgen, dass auch wirklich jede*r Zugang hat. Wichtig ist ebenfalls, dass es klare Bestimmungen gegen Diskriminierung und anderes Fehlverhalten gibt, die auch Sanktionen nach sich ziehen.

Solche Rahmenbedingungen (man könnte sie «politisch» nennen) sind das Grundgerüst jedes inklusiven Raumes, aber am Ende hat die Politik nur begrenzten Einfluss auf die Art und Weise der Begegnung innerhalb des Stadtparks. Damit Inklusion wirklich gelingen kann, brauchen wir eine Kultur, die behinderten Menschen auch das Gefühl vermittelt, dass sie selbstverständlicher Teil dieser Räume sind – sei es im Park, in der Straßenbahn oder woanders.

Selbstverständliche Zugehörigkeit

Im letzten Abschnitt wurde Inklusion als Prozess der Annahme und Bewältigung von Vielfalt beschrieben. Annahme heißt, wie beschrieben, nicht, dass alle sich schrecklich gernhaben müssen, aber es gibt neben der Überwindung der physischen Barrieren, der Gleichberechtigung auf rechtlicher Ebene und der generellen Akzeptanz noch eine wichtige Voraussetzung für wirkliche Inklusion. Es muss eine Kultur geben, die allen Menschen gleichermaßen vermittelt: «Ihr gehört dazu.» Dahinter steckt ein grundlegendes emotionales Bedürfnis – im Englischen als «*Belonging*» [2] bekannt –, das alle Menschen teilen. Aber zugehörig fühle ich mich als behinderter Mensch nicht, wenn beispielsweise der Mobilitätsservice der Bahn ächzt und stöhnt, weil man «zusätzliche» Arbeit mit der Rampe habe. Um an dieser Stelle keine Verwirrung aufkommen zu lassen: Es geht nicht um die schlechte Laune der Bahnangestellten, sondern um den Grund für dieses negative Gefühl. Denn das Grummeln wird nicht hervorgerufen durch die Klimakrise, finanzielle Sorgen, Angst vor einem Atomkrieg, eine Magenverstimmung oder schlechte Noten des Nachwuchses. Es wird bestimmt durch eine Sicht auf Behinderung als etwas außerhalb der Norm – und das muss sich ändern. Die Bereitstellung der Rampe ist keine Extrawurst für mobilitätseingeschränkte Menschen, sondern ein selbstverständlicher Service, der ihre Grundrechte sicherstellt. Und auf die gleiche Art und Weise sollten auch alle anderen vermeintlichen «Besonderheiten» bezüglich behinderter Menschen betrachtet werden.

Ich möchte sogar noch weiter gehen und sagen, dass ich schlechte Laune aufgrund der anderen aufgezählten Faktoren mir gegenüber gar nicht schlimm finde – denn wir alle geraten tagtäglich an Menschen, die einen schlechten Tag haben, und müssen damit irgendwie umgehen. Selbstverständlicher Teil der Gesellschaft zu sein, heißt für mich, auch die ganze Bandbreite menschlichen Verhaltens zu erleben und damit konfrontiert zu werden – aber bitte nicht aufgrund meiner Behinderung. Im Grunde ist es ganz einfach: Ich möchte behandelt und wahrgenommen werden wie jede*r andere auch – so als wäre meine Behinderung eine Eigenschaft wie die Haarfarbe.

Ein Gefühl der Zugehörigkeit basiert also auf Gleichwertigkeit, Chancengleichheit und Gleichberechtigung. Doch dieses Gefühl kann sich nur einstellen, wenn sich das gesellschaftliche Bild von Behinderung ändert – bei den Betroffenen, aber vor allem bei der nichtbehinderten Bevölkerung. Ich werde immer wieder von nichtbehinderten Menschen gefragt, ob ich ihnen praktische Hinweise geben kann, wie sie sich gegenüber behinderten Menschen verhalten sollen. Nun ist dieses Buch kein Ratgeber oder eine praktische Anleitung zum Anti-Ableismus, sondern ein Debattenbuch über den Prozess der Inklusion.

Trotzdem möchte ich nachfolgend kurz auf diese Frage eingehen, denn viele nichtbehinderte Menschen hatten und haben aufgrund der exkludierenden Institutionen in Deutschland kaum Kontakt zu Menschen mit Behinderungen, und dementsprechend herrscht eine große Unsicherheit. Der folgende Abschnitt richtet sich also vor allem an nichtbehinderte Menschen, aber er ist auch wichtig für eine generelle Haltung, die uns dabei helfen kann, eine neue gesellschaftliche Kultur zu etablieren.

Menschen mit Behinderung begegnen

Die Zugehörigkeit behinderter Menschen als selbstverständlicher Teil der Gesellschaft ist eine Frage der sozialen Gerechtigkeit. Wenn man selbst nicht unmittelbar von den gleichen Diskriminierungen wie behinderte Menschen betroffen ist, wäre es ein Leichtes zu sagen: «Das betrifft mich nicht, ist mir doch egal», aber da Sie in diesem Buch bis zu diesen Zeilen gekommen sind, hoffe ich, dass Sie das anders sehen. Es gibt gute Gründe, ein*e Verbündete*r, ein sogenannter «*Ally*» zu werden. Soziale Ungerechtigkeit ist ein gesellschaftlicher Missstand, der Auswirkungen auf unser gemeinschaftliches Zusammenleben hat und sich auf die unterschiedlichsten Personengruppen beziehen kann. Wir haben im Kapitel «Intersektional denken?» bereits festgestellt, dass sich Diskriminierungsfaktoren überschneiden und so am Ende nur sehr wenige Menschen nicht entweder persönlich oder über Freund*innen und Familie davon betroffen sind. In Deutschland leben etwa 8 Millionen offiziell schwerbehinderte Menschen – das sind fast 10 Prozent der Gesamtbevölkerung. Rein statistisch werden 90 Prozent dieser Behinderungen durch Krankheit verursacht, also im Laufe des Lebens «erworben». Angeboren ist die Behinderung nur bei etwa 3 Prozent. Besonders bei älteren Menschen treten Behinderungen verstärkt auf.[3] Es kann demnach passieren, dass die Grundrechte von behinderten Menschen im Laufe des Lebens auch für Menschen, die derzeit ohne Behinderung leben, auf persönlicher Ebene relevant werden. Über all dem steht aber die einfache Wahrheit, dass alle Menschen gleichermaßen Respekt und Zugehörigkeit verdient haben.

Verbündete*r sein heißt nicht automatisch, dass man sich auch mit diesem Begriff identifiziert oder sich aktivistisch betätigt. Es geht vielmehr um eine generelle Haltung des Hinsehens, des Hinterfragens und des Einstehens für Gleichberechtigung. Nachfolgend habe ich eine Liste mit einigen Denkanstößen und Empfehlungen zusammengestellt, die dabei helfen können, solch eine Perspektive einzunehmen.

- Begegnen Sie Menschen mit Behinderung genauso, wie Sie auch Menschen ohne Behinderung begegnen würden.
- Reflektieren Sie Ihre eigene Voreingenommenheit: Wie nehmen Sie behinderte Menschen wahr? Welche stillen Annahmen treffen Sie?
- Seien Sie achtsam, welche Worte Sie in Ihrer Alltagssprache verwenden – denn Sprachbilder haben Einfluss auf unsere Wahrnehmung und unsere Gemeinschaftskultur. (Siehe Kapitel «Die Macht der Sprache»)
- Versuchen Sie, Menschen aufgrund ihrer Behinderung weder als hilflose Opfer noch als inspirierende Held*innen wahrzunehmen.
- Wenn Sie glauben, dass eine behinderte Person Hilfe benötigt, dann fragen Sie zuerst nach, ob Ihre Unterstützung auch gewünscht ist.
- Bilden Sie sich über die wichtigen Themenfelder der Inklusion weiter. (Wenn Sie Teil I und II dieses Buches gelesen haben, dann ist das schon eine gute Grundlage.) Versuchen

Sie dabei, eine gute Balance zwischen Kontaktaufnahme und Eigeninitiative zu finden – denn es ist nicht die Aufgabe behinderter Menschen, über Ableismus, Barrierefreiheit und Co. aufzuklären.

- Sprechen Sie mit behinderten Menschen, nicht über oder für sie. Sich für die Grundrechte einer marginalisierten Gruppe einzusetzen, kann auch heißen, sich hinter die Forderungen der Betroffenen zu stellen.
- Werfen Sie einen kritischen Blick auf die Art der Repräsentation von behinderten Menschen in den Medien und der Kunst.
- Wenn Sie einen Fall von offener oder impliziter Diskriminierung beobachten, äußern Sie sich verbal dazu. Versuchen Sie, sich nicht vom sogenannten «Zuschauereffekt»[4] aufhalten zu lassen.
- Versuchen Sie, Unterschiede nicht zu hierarchisieren, sondern zu normalisieren.
- Hören Sie behinderten Menschen zu – sei es im Alltag oder in den sozialen Medien.
- Verstärken Sie Inhalte von behinderten Menschen in den sozialen Medien – denn das schafft Sichtbarkeit.
- Wenn Sie einen Mangel an Barrierefreiheit wahrnehmen – sei es am Arbeitsplatz, im öffentlichen Nahverkehr oder auch in der Freizeit – dann sprechen Sie das Problem an. Nur durch die Thematisierung von Problemen werden diese auch als solche wahrgenommen.

All diese Verhaltensweisen sind Wege zur Inklusion – Wege zu einer gesellschaftlichen Kultur, in der Menschen mit Behinderungen nicht nur teilhaben, sondern selbstverständlich Teil des Ganzen sind. Warum das so wichtig für die Inklusion ist, stelle ich im nächsten Kapitel genauer dar.

Teilhabe und Teilgabe

Im Kontext der Inklusion fällt immer wieder der Begriff der «Teilhabe». Damit ist gemeint, dass behinderte Menschen in der gleichen Weise in alle Facetten des gesellschaftlichen Lebens eingebunden sind wie nichtbehinderte Menschen. Im Vorwort der amtlichen deutschen Übersetzung der UN-Behindertenrechtskonvention schreibt Jürgen Dusel, der Beauftragte der Bundesregierung für die Belange von Menschen mit Behinderungen:

> «Wenn Sie sich die Frage stellen, was eigentlich die Grundlage einer funktionierenden Demokratie ist, dann kommen Sie schnell zu den Themen Gleichberechtigung, Chancengleichheit, umfassende Mitbestimmung und selbstbestimmte Teilhabe – in allen Lebensbereichen.»[1]

Das Motto der Amtsübersetzung der UN-BRK lautet «Demokratie braucht Inklusion» – in anderen Worten: Nur wenn Gleichberechtigung, Chancengleichheit, Mitbestimmung und selbstbestimmte Teilhabe für Menschen mit Behinderungen möglich sind, dann können wir überhaupt von einer funktionierenden Demokratie sprechen.

Ich mag den Begriff der Teilhabe, doch allzu oft wird er mir zu einseitig benutzt – so als ginge es nur darum, behinderten Menschen Zugang zu verschaffen und sie nicht auszugrenzen.

Dabei liegt der Fokus stark darauf, dass behinderte Menschen überall «mitmachen dürfen». Diese Perspektive ist gut und wichtig, aber es gibt noch eine andere Dimension der Inklusion: Behinderte Menschen haben auch etwas zu geben, sie sind eine Bereicherung für die Gesellschaft. Für diesen Gedanken möchte ich den Begriff der «Teilgabe» vorschlagen. Lassen Sie mich das an einem praktischen Beispiel illustrieren: «Teilhaben» bedeutet für mich als Rollstuhlnutzer, dass ich mir ohne Probleme und Barrieren einen Film im Kino ansehen kann. «Teilgeben» umfasst, dass auf der Leinwand behinderte Darsteller*innen zu sehen sind, die nicht nur mich, sondern auch alle anderen im Kino mit ihrer Schauspielkunst unterhalten. Nur wenn wir «Teilhabe» und «Teilgabe» zusammen denken, dann können wir zum «Teilsein» kommen.[2] Genau das ist der Grund, warum es niemals ausreichen wird, auf politischer Ebene Vorschriften für Barrierefreiheit etc. durchzusetzen – denn damit kann zwar die Grundvoraussetzung für Teilhabe geschaffen werden, aber an der Kultur, an der Haltung der Gesellschaft, ändert das noch nichts. Behinderte Menschen dürfen nicht mehr als «Sozialfälle» gelten, für deren Inklusion man sich irgendwelche Lösungen überlegen muss. Stattdessen sollten sie als das wahrgenommen werden, was sie sind: als wertvoller Teil der Gesellschaft, von der sie nicht nur nehmen, sondern der sie auch etwas zurückgeben.

Nichts ohne uns!

In Teil I dieses Buches habe ich einen berühmten Slogan der internationalen Behindertenbewegung vorgestellt: «Nichts über uns ohne uns» – Entscheidungen, die behinderte Menschen betreffen, dürfen nicht ausschließlich von Menschen ohne Behinderung getroffen werden. Für den Prozess der Inklusion möchte ich diesen politischen Slogan ausweiten und größer machen. Wenn unsere demokratische Gesellschaft funktionieren soll, dann muss der Leitspruch der Inklusion sein: «Nichts ohne uns!» bzw. «Nichts ohne behinderte Menschen».[1] Denn Inklusion ist nicht nur eine Frage der Barrierefreiheit oder des Nachteilausgleichs – es ist auch eine Frage der Repräsentation, der Sichtbarkeit, der selbstbestimmten Teilhabe und Teilgabe sowie der selbstverständlichen Zugehörigkeit behinderter Menschen in allen Lebensbereichen. Eine der größten Barrieren der Inklusion ist der fehlende Kontakt der Mehrheitsgesellschaft mit behinderten Menschen, die ihre Ursachen in den historisch gewachsenen Wohlfahrtseinrichtungen haben, die als Schutzräume für behinderte Menschen angepriesen werden, aber eigentlich Räume der Absonderung sind. Diese Institutionen dienen meiner Meinung nach eher dem Schutz der Mehrheitsgesellschaft, die sich dann nicht mit echter Inklusion auseinandersetzen muss. Denn dieser Prozess – das ist hoffentlich in diesem Buch klar geworden – ist kein leichtes Unterfangen. Bei Inklusion geht es um das Aushalten und die Annahme von

Verschiedenheit. Es geht um Begegnung, um Respekt, um Neugier und Akzeptanz, aber eben auch um die Auseinandersetzung miteinander. Nur wenn behinderte Menschen nicht mehr vor der Öffentlichkeit versteckt werden, können wir einander wirklich begegnen – und dann haben wir eine echte Chance, die Perspektive auf Behinderung nachhaltig zu verändern. Wir kommen im Prozess der Inklusion nur weiter, wenn wir unsere Komfortzone verlassen, wenn wir uns – um einen Begriff von Tupoka Ogette[2] zu benutzen – von unserem «Happyland» verabschieden und Fragen stellen, die potenziell unangenehm sind. Damit hängt auch zusammen, dass Einfluss innerhalb der Gesellschaft neu verteilt werden muss – privilegierte Gesellschaftsgruppen müssen ihre eigene Position kritisch reflektieren und Mitbestimmung marginalisierter Gruppen ermöglichen. Denn nur dann können wir unsere Demokratie auch eine solche nennen.

Es gibt ein Zitat des spanischen Dichters Antonio Machado, das mir für den Abschluss dieses Buches passend erscheint:

«Wege entstehen dadurch, dass man sie geht.»

Nur wenn wir Inklusion als aktiven Prozess begreifen und anfangen, neue Wege zu bahnen, dann kommen wir voran. Am Anfang können das Trampelpfade sein, die sich nach und nach immer mehr ausweiten – aber wir müssen aktiv werden. Wir dürfen uns nicht länger mit Ausreden zufriedengeben, die rationalisieren sollen, warum Inklusion nicht funktioniert. Ich hoffe, es ist im Verlauf des Buches klar geworden, dass die meisten dieser Ausreden dazu dienen, ein bestehendes System zu erhalten, das von der Aussonderung behinderter Menschen profitiert. Aber es gibt Alternativen zu diesem Stillstand – es gibt konkrete politische Konzepte zur Deinstitutionalisierung

von Aussonderungseinrichtungen und zur rechtlichen Gleichstellung behinderter Menschen. Und es gibt Ideen, wie wir als
Gesellschaft unsere Kultur neu prägen können – wie wir den
Leitspruch «Nichts ohne behinderte Menschen» gelebte Wirklichkeit werden lassen. Die Wege sind vorgezeichnet, aber sie
entstehen nur, wenn wir sie als Gesellschaft auch beschreiten.
Lassen Sie uns diese Wege gemeinsam gehen.

Danksagung

Dieses Buch zu schreiben, war mir schon seit langer Zeit ein Bedürfnis. Viele Jahre engagiere ich mich nun schon in dem Bereich und beantworte immer wieder dieselben Fragen. Der Text ist der Versuch, aus der ewigen Wiederholung herauszutreten und einen Blick nach vorne zu wagen. Zusammen mit den großartigen Interviewpartner*innen, ohne die diesem Buch etwas fehlen würde.

Überhaupt konnte das Buch nur entstehen, weil ich großartige Menschen um mich herum habe, die mir die Freiheit gaben, das Werk zu entwickeln und die ihre Expertise beisteuerten.

Mein herzliches Dankeschön geht an meine Partnerin, die es ertragen musste, wie ich oft tagelang über dieses Buch grübelte oder ununterbrochen davon sprach. Ihre Geduld und neugierigen Rückfragen haben den Text besser werden lassen. Ohne meine Familie wäre dieses Buch nicht entstanden. Ihr «normaler» Umgang mit mir hat mich zu dem werden lassen, der ich bin. Meine Kolleg*innen von den SOZIALHELD*INNEN sind ebenfalls zu nennen. Unsere jahrelange Zusammenarbeit und ihre Expertise, die bei fast jedem Satz dieses Buches im Hintergrund durchklingt, haben mich massiv weitergebracht.

Und nicht zuletzt danke ich natürlich dem Rowohlt Verlag für das Vertrauen und selbstredend Martin Kulik, dem Co-Autor dieses Buches, der es verstand, einen roten Faden in das Projekt zu weben.

Glossar

In diesem Buch werden immer wieder Begriffe und Abkürzungen verwendet, die vielleicht nicht allgemein bekannt sind. Ich habe mich bemüht, vor allem die komplexeren Begriffe im Fließtext zu erklären – aber manchmal ist es hilfreich, noch einmal nachschlagen zu können. Es folgen einige kurze Erklärungen wichtiger Begriffe, die teilweise auch auf die Kapitel im Buch verweisen, wo sie genauer unter die Lupe genommen werden.

Ableismus
Die Bewertung von und die Erwartungshaltung an behinderte Menschen, die Personen auf das Merkmal «Behinderung» reduziert und bestimmte Fähigkeiten oder Eigenschaften damit verbindet oder diese abspricht. Beim «internalisierten Ableismus» beziehen sich solche (negativen) Bewertungsmuster auch auf die Selbstwahrnehmung Betroffener.
(Siehe auch das Kapitel «Behindertenfeindlichkeit, Ableismus und internalisierter Ableismus».)

Americans with Disability Act (ADA)
Ein US-amerikanisches Bundesgesetz aus dem Jahre 1990, das die Gleichstellung behinderter Menschen festsetzt und sie vor Diskriminierung schützt (beispielsweise am Arbeitsplatz, beim Einstellungsverfahren sowie bei der Versorgung mit Gü-

tern und Dienstleistungen). Verstoßen öffentliche oder private Einrichtungen gegen dieses Gesetz, können sie verklagt werden.

(Siehe auch das Interview mit Barbara Sima-Ruml im Kapitel «Frei von Barrieren?».)

Ashoka-Fellowship
Ashoka ist eine US-amerikanische Non-Profit-Organisation, die Menschen und Organisationen vernetzt, die sozialen Wandel vorantreiben wollen.

Assistenz
Assistenzpersonen können Menschen mit Behinderungen ein eigenständiges und selbstbestimmtes Leben ermöglichen. Im Gegensatz zu Betreuung wird die Assistenz meist durch die behinderte Person selbst ausgewählt und abgestimmt, in welchen Bereichen unterstützt werden soll.

(Siehe auch das Kapitel «Selbstbestimmt leben?».)

Behinderung
Es gibt viele verschiedene Perspektiven auf «Behinderung». Während das früher weitverbreitete medizinische Modell beispielsweise den Fokus auf Behinderung als Krankheit/Funktionseinschränkung legt, weist das soziale Modell darauf hin, dass Menschen vor allem von ihrer Umwelt behindert werden.

(Siehe auch das Kapitel «Die unsichtbare Norm».)

cis
Adjektiv für Menschen, die das Geschlecht sind, das ihnen nach der Geburt aufgrund äußerlicher Merkmale zugeschrieben wurde. Es gibt cis Männer und cis Frauen.

Communitybuilder

Jemand, der Gemeinschaften (englisch Communities) aufbaut, also Menschen miteinander vernetzt und ihren Austausch fördert.

Deinstitutionalisierung

Der Abbau bzw. die Ersetzung von Strukturen, Einrichtungen und Organisationssystemen, in denen (behinderte) Menschen nicht selbstbestimmt leben.
(Siehe auch die Kapitel «Selbstbestimmt leben?» und «Faire Arbeit für alle?».)

Disability Pride

Ein Prozess der Auseinandersetzung mit der eigenen Behinderung und deren Annahme als Teil der Identität.
(Siehe dazu das Kapitel «Disability Pride».)

Disability Studies

Sozial- und kulturwissenschaftliche Untersuchung des Phänomens «Behinderung».

Emanzipation

Ein Akt der politischen und gesellschaftlichen Selbstbefreiung von vorherrschenden Strukturen oder Begrenzungen, der auf mehr Freiheit und eine Gleichstellung abzielt.

Empowerment

Begriff aus dem englischen Sprachraum, der einen Prozess bezeichnet, in dem bestimmte Personen(gruppen) ermächtigt werden oder sich selbst ermächtigen, selbstbestimmt und eigenverantwortlich ihre Interessen zu vertreten und sich die eigenen Stärken zu vergegenwärtigen.

Fachkraftisierung
Die Dynamik oder Ansicht, dass nur besonders ausgebildete Personen mit behinderten Menschen umgehen können oder sollten.

Förderschule
Gesonderte Schulform, die Kinder mit Behinderung oder Benachteiligung sonderpädagogisch in ihrer Lernentwicklung fördern soll, wird auch Sonderschule, Schule mit sonderpädagogischem Förderschwerpunkt oder Förderzentrum genannt.
(Für eine Kritik an dieser Schulform siehe das Kapitel «Schule *all-inclusive*?».)

Inklusion
Gesellschaftliches Konzept, in dem alle Menschen – ganz egal wie verschieden – gleichberechtigter und gleichwertiger Teil der Gemeinschaft sind und durch politische und gesellschaftliche Strukturen und Möglichkeiten zur gleichberechtigten Teilhabe befähigt werden.
(Siehe auch das Kapitel «Was ich meine, wenn ich von Inklusion spreche».)

Internalisierung
Etwas verinnerlichen, soziale Auffassungen, Bewertungsmuster und Erwartungen übernehmen.

Intersektionalität
Die Überschneidung verschiedener Diskriminierungsfaktoren in einer Person.
(Siehe auch das Kapitel «Intersektional denken?».)

LGTBIQ*

Internationale Abkürzung mit den Bestandteilen Lesbian (lesbisch), Gay (schwul), Trans, Bi, Inter*, Queer. Der Asterisk, auch Gendersternchen genannt (*), symbolisiert dabei die Vielzahl möglicher Geschlechtsidentitäten und macht deutlich, dass diese Aufzählung nicht vollständig und abgeschlossen ist – denn Begriffe ändern sich im Laufe der Zeit.

Narrativ

Eine Erzählung oder eine Vorstellung, die Einfluss darauf hat, wie bestimmte Personengruppen gesellschaftlich wahrgenommen werden. Narrative können sich im Laufe der Zeit und im Wandel der Kultur ändern.
(Siehe dazu Teil III dieses Buches.)

Peer-Counseling

Beratung von Betroffenen für Betroffene.

People-First-Bewegung

Eine gesellschaftliche Bewegung, die sich ursprünglich in den 70er-Jahren in den USA und Kanada formiert hat. Innerhalb einer Community werden Menschen mit Lernschwierigkeiten von einem Verbund aus Freund*innen, Familie, Bekannten und Menschen aus Einrichtungen unterstützt. Es geht darum, dass Menschen mit Behinderung zunächst vor allem Menschen sind. Der Begriff steht im Gegensatz zur diskriminierenden Bezeichnung «Mensch mit geistiger Behinderung». Es geht der Bewegung um mehr Selbstbestimmung und Selbstvertretung für Menschen mit Lernschwierigkeiten sowie um gesellschaftliche Anerkennung.

Queer
Politisch geprägter Oberbegriff für Menschen, deren sexuelle, romantische oder geschlechtliche Identität von der dya-cis-hetero Norm abweicht. Ursprünglich als Beleidigung genutzt, hat es sich mittlerweile im deutschsprachigen Raum vor allem als positive Selbstbezeichnung durchgesetzt.

Reframing
Ein neues gedankliches Rahmenkonstrukt entwickeln. Eine neue Art über Sachen nachzudenken etablieren.

Safe Spaces / Safer Spaces
Soziale Räume, die entweder durch festgelegte Regeln oder durch die limitierte Auswahl der Anwesenden frei von Diskriminierung sein sollen. Da niemals vollständiger Schutz gewährleistet werden kann, wird auch von «geschützteren Räumen» gesprochen.

Schwerbehindertenausweis
Nachweis über den Status als sogenannter schwerbehinderter Mensch, den man benötigt, um bestimmte Rechte oder Nachteilsausgleiche geltend zu machen. Bei der Antragstellung wird vom Amt ein «Grad der Behinderung» festgestellt.

schwerst- und mehrfachbehinderte Menschen
Menschen mit komplexen Behinderungen, die einen sehr hohen Unterstützungsbedarf haben.

Segregation
Die systematische Aussonderung bestimmter Personen oder Gruppen.

sozialer Aktivismus
Zielgerichtetes Handeln, um gesellschaftlichen Wandel herbeizuführen (als Einzelperson oder in einer Gruppe).

UdK
Die Universität der Künste in Berlin.

WfbM
Abkürzung für «Werkstätten für behinderte Menschen».
(Siehe Kapitel «Faire Arbeit für alle?».)

Zumutbarkeitsentscheidungen
Die Prüfung, ob eine bestimmte Situation (z. B. die Wohnsitu-
ation in einem Heim für behinderte Menschen) zumutbar ist
oder nicht. Diese wird meist von staatlichen Stellen durchge-
führt.
(Siehe Kapitel «Selbstbestimmt leben?».)

Zwangsbehandlung
Medizinische Behandlung ohne Einwilligung bzw. gegen den
Willen der Behandelten.

Anmerkungen

Vorwort

1 Mehr dazu in den Abschnitten «Die Macht der Sprache» und «Kunstvoll repräsentiert?».

2 Siehe Wheelmap.org.

3 Gemeinsam verfasst mit Marion Appelt, erschienen im Rowohlt Verlag.

4 Zwischendurch habe ich gemeinsam mit Benjamin Schwarz noch eine praktische Anleitung zum Aktivismus veröffentlicht: *Wie kann ich was bewegen.* Siehe www.wiekannichwasbewegen.de.

5 Es gibt viele Metriken der Inklusionsforschung, die teilweise auch Eingang in dieses Buch gefunden haben. Ich bin ein großer Fan von Daten und Fakten – aber sie müssen immer auch in den richtigen Kontext gestellt werden.

TEIL I

Was ich meine, wenn ich von Inklusion spreche

1 Das kritisiert etwa der Bildungswissenschaftler Karsten Exner in seinem Aufsatz «Warum die Anwendung des Inklusionsbegriffs kontraproduktiv ist. Zwei Thesen und eine Frage zum Inklusionsdiskurs im Behindertenbereich», in: Walm, Maik/Häcker, Thomas/Radisch, Falk/Krüger, Anja (Hg.): Empirisch-pädagogische Forschung in inklusiven Zeiten. Konzeptualisierung, Professionalisierung, Systementwicklung, Bad Heilbrunn: Klinkhardt 2018, S. 76–87. Auch ich selbst habe auf meinem Blog schon Kritik am Inklusionsbegriff geübt: www.raul.de/leben-mit-behinderung/warum-inklusion-nicht-ausreicht.

2 https://www.behindertenrechtskonvention.info. Die Konvention ist auch bekannt unter dem Titel «Übereinkommen über die Rechte von Menschen mit Behinderungen» (Convention on the Rights of Persons with Disabilities – CRPD).

3 UN-Behindertenrechtskonvention Artikel 1, https://www.behin dertenrechtskonvention.info/uebereinkommen-ueber-die-rechte-von-menschen-mit-behinderungen-3101/#1-artikel-1---zweck.

4 UN-Behindertenrechtskonvention Artikel 1, https://www.behin dertenrechtskonvention.info/uebereinkommen-ueber-die-rechte-von-menschen-mit-behinderungen-3101/#1-artikel-1---zweck.

5 https://www.behindertenrechtskonvention.info/#1-crpd---inhalte.

6 https://www.behindertenrechtskonvention.info/inklusion-3693.

7 Siehe http://www.netzwerk-artikel-3.de/index.php?view=article& id=93:international-schattenuebersetzung.

8 Vgl. https://www.behindertenrechtskonvention.info/vorlaeufer-der-behindertenrechtskonvention-3125.

9 Vgl. www.socialnet.de/lexikon/Behinderung.

10 www.socialnet.de/lexikon/Behinderung.

Die unsichtbare Norm

1 Vgl. Jahresbericht der Antidiskriminierungsstelle, S. 44 f., online abrufbar unter https://www.antidiskriminierungsstelle.de/Shared Docs/downloads/DE/publikationen/Jahresberichte/2021.pdf?__blob=publicationFile&v=3.

2 Vgl. https://www.socialnet.de/lexikon/Behinderung#toc_3_2.

3 Darüber habe ich unter anderem im Newsletter «Texthacks» einen Beitrag veröffentlicht, in dem ich einige der folgenden Gedanken aufgegriffen habe. Siehe https://texthacks.substack.com/p/3-hacks-die-schonschreiber-hassen.

4 Möhring spielt darin die Rolle eines Basketballtrainers, der mit behinderten Sportler*innen arbeitet.

5 Vgl. https://www.br.de/nachrichten/bayern/schauspieler-wotan-wilke-moehring-vermeidet-das-wort-behindert,T5zDUXq.

6 Kollodzieyski, Tanja: Ableismus, Sukultur 2021.

7 Siehe Gernsbacher, Raimond u. a.: «‹Special needs› is an ineffective euphemism», 2016 online veröffentlicht, abrufbar unter https://pubmed.ncbi.nlm.nih.gov/28133625.

8 https://berufenet.arbeitsagentur.de/berufenet/faces/index;

BERUFENETJSESS.IONID=88-ZsUaoqx-_6IIAaAIJqZAxQ5mkAE
3ab2Q73z35RG7hFlYMC5ua!-23305192?path=null/kurzbeschreibung
&dkz=9127

9   Einen ausführlichen Blogbeitrag von mir gibt es unter https://raul.
    de/allgemein/ich-moechte-nicht-geheilt-werden.

10 Wenn Sie tiefer in dieses Thema einsteigen möchten, dann emp-
    fehle ich Ihnen das Projekt «Leidmedien», das ich mit den SOZIAL-
    HELD*INNEN ins Leben gerufen habe. Auf www.leidmedien.de klä-
    ren wir nicht nur über Sprache und ihre Folgen auf, sondern machen
    auch konkrete Alternativvorschläge.

11 Solche Kombinationen sind in Deutschland schon von anderen Dis-
    kriminierungsformen wie etwa dem «Rassismus» bekannt.

12 Interessenvertretung Selbstbestimmt Leben e. V. – ISL: Ableismus
    erkennen und begegnen. Strategien zur Stärkung von Selbsthilfepo-
    tenzialen, 2018, online abrufbar unter http://www.isl-ev.de/attach
    ments/article/1687/Able-Ismus-bf_2018-bf.pdf.

13 Dieses Beispiel kommt von Tanja Kollodzieyski: Ableismus, Sukultur
    2021, S. 6.

14 Darüber habe ich einen ausführlichen Blogbeitrag geschrieben:
    https://raul.de/allgemein/disability-burn-out-internalisierter-
    ableismus-und-seine-folgen.

15 Eine gute Zusammenfassung findet sich auch unter https://einblog
    vonvielen.org/die-besteck-theorien.

16 https://butyoudontlooksick.com/articles/written-by-christine/
    the-spoon-theory.

17 http://jenrose.com/fork-theory.

18 https://medium.com/@tilaurin/the-knife-hypothesis-a-companion-
    to-spoon-theory-d20764c28349.

Strukturelle Gewalt unter dem Deckmantel der Fürsorge

1   Vgl. www.raul.de/allgemein/befriedungsverbrechen-in-deutschland.

2   Basaglia, Franco: Befriedungsverbrechen. Über die Dienstbarkeit der
    Intellektuellen, 1980, S. 124 f.

3   Vgl. https://www.bagfw.de/ueber-uns/freie-wohlfahrtspflege-
    deutschland/geschichte.

4   Siehe https://www.bagfw.de/ueber-uns/freie-wohlfahrtspflege-
    deutschland/subsidiaritaetsprinzip.

5   https://www.bagfw.de/ueber-uns/freie-wohlfahrtspflege-deutsch
    land/selbstverstaendnis.

6 https://www.bpb.de/kurz-knapp/lexika/handwoerterbuch-politisches-system/202214/wohlfahrtsverbaende.

7 Vgl. https://www.bagfw.de/ueber-uns/freie-wohlfahrtspflege-deutschland/finanzierung.

8 Siehe Imageflyer der BAGFW: https://www.bagfw.de/fileadmin/user_upload/Veroeffentlichungen/Publikationen/Imageflyer_2022_BAGFW_Selbstverst%C3%A4ndnis_Web.pdf.

9 Siehe https://aktuelles.uni-frankfurt.de/gesellschaft/studie-von-iwak-und-wohlfahrtsverbaenden-zeigt-grosse-defizite-bei-den-organisationen-der-wohlfahrtspflege.

10 https://www.faz.net/aktuell/wirtschaft/wohlfahrtsindustrie-heimlich-boomt-die-hilfe-12242747.html.

11 https://twitter.com/raulde/status/1291623787625054209.

12 https://drk-wohlfahrt.de/blog/eintrag/wie-koennen-wohlfahrts verbaende-und-die-menschen-mit-behinderung-gemein-sam-neue-wege-gehen.

13 Ursprünglich aus dem US-Sprachraum, dort: «Nothing about us without us». In Teil III des Buches weite ich diesen Ansatz zu einer noch grundlegenderen Forderung.

TEIL II

Frei von Barrieren?

1 https://www.kvg.de/nachricht/kein-sprint-ein-marathon/

2 Siehe https://www.behindertenrechtskonvention.info/barriere freiheit-3881.

3 https://www.gesetze-im-internet.de/bgg/__4.html.

4 Einige dieser Gedanken habe ich bereits in einem Blogpost veröffentlicht: https://raul.de/kolumnen/was-genau-ist-barrierefreiheit.

5 Als Zeichen des Protestes gegen das lückenhafte BGG habe ich mich mit einigen anderen Aktivist*innen 2016 an den Reichstag gekettet: https://www.deutschlandfunkkultur.de/protest-gegen-gleich stellungsgesetz-chance-zur-100.html.

6 Siehe auch das Informationsgutachten des Bundestags zu diesem Thema: https://www.bundestag.de/resource/blob/581062/88c 05132989c1c6 f3 f1 ff82770d9573e/WD-6-102-18-pdf-data.pdf. In Deutschland kann man zwar auch zivilrechtlich klagen, wenn Zielvereinbarungen nicht eingehalten werden, aber in der Praxis ist die

Aussicht auf Erfolg gering und die Zurückhaltung und Unsicherheit riesig.

7 https://barrierefreies-bauen-fur-alle.simplecast.com/.

8 http://www.dievierraddiva.at.

9 http://www.usability-architects.de.

10 https://www.ris.bka.gv.at/GeltendeFassung.wxe?Abfrage=Bundes normen&Gesetzesnummer=20004228.

11 Hier wird der ganze Prozess genauer erklärt: https://www.bizeps. or.at/das-schlichtungsverfahren-genau-erklaert/.

12 https://www.heute.at/s/kein-behinderten-wc-lokal-muss-1000-euro-zahlen-100217226. Nach dem ersten Urteil sagte Hans-Jürgen Groß: «Es ist ein guter Tag für die Barrierefreiheit und ein wichtiger Tag dafür, dass auch Menschen mit Behinderungen das Recht auf ein selbstverständliches Angebot, wie eine Toilette haben dürfen. Das Bundes-Behindertengleichstellungsgesetz (BGSTG) gibt Menschen mit Behinderungen die Möglichkeit, die Gleichstellung von Menschen mit Behinderungen einfordern zu können. Ich werde den Weg der Gleichstellung von Menschen mit Behinderungen und insbesondere der Barrierefreiheit konsequent weiterverfolgen. Wenn es nicht mal ein Klo für alle überall gibt, wie kann man da auch nur ansatzweise denken, dass in Österreich eh alles in Ordnung ist! Diskriminierungen für Menschen mit Behinderungen stehen auf der Tagesordnung und müssen endlich beseitigt werden. Das kann nur mit einer nachhaltigen, politischen Verankerung passieren.» Siehe: https://www.tourismuspresse.at/presseaussendung/TPT_20220112_TPT0003/gericht-bestaetigt-diskriminierung-durch-plachutta-wollzeile-nicht-rechtskraeftig.

13 https://hindernisfreie-architektur.ch/fachinformationen/anpassbarer-wohnungsbau.

14 Siehe https://www.youtube.com/watch?v=TANDEMyIVQE, oder auf YouTube «Accessible Escalator Japan» eingeben.

15 https://www.apotheke-adhoc.de/nachrichten/detail/politik/barrierefreiheit-jede-stufe-kostet-umsatz.

16 https://andrea-lauer.jimdofree.com.

17 Eine genauere Übersicht der relevanten Praxisanforderungen findet sich beispielsweise im *Handbuch barrierefreie Kommunikation* (Hg. Christiane Maaß/Isabel Rink), Frank & Timme 2020, S. 251 ff. PDF online abrufbar unter https://www.frank-timme.de/fileadmin/docs/Handbuch_Barrierefreie_Kommunikation_OA.pdf.

18 https://www.sueddeutsche.de/muenchen/muenchen-pfennig
parade-digitale-barrierefreiheit-1.5618408.

19 https://www.eltern-beraten-eltern.de.

20 https://www.gesetze-im-internet.de/bgg/__11.html.

21 https://www.leichte-sprache.berlin.

22 https://www.leichte-sprache.berlin/leichte-sprache/einfach-leben/
posts/Special-Olympics-Toller-Abend-mit-Knalleffekt.php.

23 https://www.leichte-sprache.berlin/leichte-sprache/einfach-leben/
posts/Special-Olympics-2022-Tennis.php.

24 https://www.leichte-sprache.berlin/leichte-sprache/einfach-leben/
posts/Special-Olympics-Die-Athletenfeier.php.

25 https://www.leichte-sprache.berlin/leichte-sprache/einfach-lesen/
posts/Rosies-Tagebuch-1.php?highlight=katzenauge.

26 https://einfachebuecher.de.

27 Erscheint nun unter dem Titel «Einfach und aktuell»: https://
einfachebuecher.de/Zeitungen/Klar-und-Deutlich-Aktuell.

Schule all inclusive?

1 https://flaeming-grundschule.de.

2 Siehe Artikel 26: https://www.un.org/depts/german/menschen
rechte/aemr.pdf.

3 Siehe Artikel 28 und 29: https://www.kinderrechtskonvention.info/
recht-auf-bildung-recht-auf-schule-3620.

4 Vgl. Artikel 24 UN-BRK: https://www.behindertenrechts
konvention.info/bildung-3907.

5 Siehe http://www.netzwerk-artikel-3.de/index.php?view=article&
id=93:international-schattenuebersetzung

6 Anzumerken ist, dass im deutschen Bildungswesen «Integration» das
historische Schlagwort für die Einbindung behinderter Menschen
in allgemeine Schulen ist. Nichtsdestotrotz halte ich die moderne
Unterscheidung zwischen Integration und Inklusion für relevant und
informativ.

7 https://www.behindertenrechtskonvention.info/bildung-3907.

8 Siehe CRPD: Abschließende Bemerkungen über den ersten Staatenbericht Deutschlands, S. 11. Hier herunterladbar: https://www.insti
tut-fuer-menschenrechte.de/fileadmin/Redaktion/Publikationen/
Weitere_Publikationen/CRPD_Abschliessende_Bemerkungen_
ueber_den_ersten_Staatenbericht_Deutschlands.pdf.

9   Einige dieser Argumente vertritt beispielsweise der Gymnasiallehrer Michael Felten in seinem Buch *Die Inklusionsfalle*, Gütersloher Verlagshaus 2017.

10 Eine gute Zusammenfassung von relevanten Studien findet sich unter https://inklusionsfakten.de/schulerschulerinnen-mit-behinderung-lernen-besser-auf-einer-forderschule.

11 Siehe https://www.bertelsmann-stiftung.de/de/unsere-projekte/in-vielfalt-besser-lernen/projektthemen/inklusion. Erhellend sind auch die Erkenntnisse einer Studie von Hans Wocken, die zeigt, dass sich Förderschüler*innen an ein höheres Lernniveau angleichen. Siehe Hans Wocken: Leistung, Intelligenz und Soziallage von Schülern mit Lernbehinderungen. Vergleichende Untersuchungen an Förderschulen in Hamburg. Zeitschrift für Heilpädagogik 51 (12) (2000), 492–503.

12 Sozialatlas der Heinrich Böll Stiftung 2022, S. 33 f.

13 Siehe Brigitte Schumann: «Ich schäme mich ja so!». Die Sonderschule für Lernbehinderte als «Schonraumfalle».

14 Viele dieser Gedanken habe ich in ausführlicher Form auf meinem Blog angesprochen: https://raul.de/allgemein/die-schonraumfalle.

15 Vgl. die Untersuchungen von Steinmetz, Wrase et al: Die Umsetzung schulischer Inklusion nach der UN-Behindertenrechtskonvention in den deutschen Bundesländern. Herunterladbar unter: https://www.econstor.eu/bitstream/10419/240924/1/Full-text-book-Steinmetz-et-al-Die-Umsetzung-schulischer.pdf.

16 Siehe Muth, Jakob: Integration von Behinderten. Über die Gemeinsamkeit im Bildungswesen, einzusehen unter http://bidok.uibk. ac.at/library/muth-integration.html. Jakob Muth ist auch Namensgeber für den Jakob-Muth-Preis, der von 2009 bis 2019 außerordentliche Leistungen im Bereich schulische Inklusion ausgezeichnet hat. (Siehe https://www.bertelsmann-stiftung.de/de/unsere-projekte/abgeschlossene-projekte/jakob-muth-preis/preistraeger).

17 Siehe Klaus Klemm: Inklusion in Deutschlands Schulen: eine bildungsstatistische Momentaufnahme 2020/21, Bertelsmann Stiftung 2022.

18 Siehe https://bildungsklick.de/schule/detail/plaedoyer-fuer-das-ende-sonderpaedagogischer-feststellungsverfahren.

19 https://www.mittendrin-koeln.de.

20 Siehe auch den monatlichen Newsletter zur inklusiven Bildung des Vereins: https://www.inklusions-pegel.de/alle.

21 Für mehr Informationen über die Schulgeschichte Deutschlands vor

1945 siehe beispielsweise https://www.bpb.de/themen/bildung/
dossier-bildung/229629/schulgeschichte-bis-1945-von-preussen-
bis-zum-dritten-reich.

22 https://www.verbaende.com/news/pressemitteilung/deutschland-
europaeisches-schlusslicht-bei-inklusiver-bildung-erhebliche-infor
mationsdefizite-die-deutsche-kinderhilfe-unterstuetzt-daher-das-
informationsportal-inkoe-73661.

23 Filme der Schulen können unter https://www.bertelsmann-stiftung.
de/de/unsere-projekte/abgeschlossene-projekte/jakob-muth-preis/
preistraeger/Ev abgerufen werden.

24 https://www.lmbhh.de/ueber-uns/infomaterial/fachbeitraege/
vortrag-jutta-schoeler.

25 Siehe oben oder unter https://www.behindertenrechtskonvention.
info/bildung-3907.

26 Siehe beispielsweise Klaus Klemm: Sonderweg Förderschulen: Hoher
Einsatz, wenig Perspektiven. Eine Studie zu den Ausgaben und zur
Wirksamkeit von Förderschulen in Deutschland. 2009 – Bertels-
mannstiftung – https://www.bertelsmann-stiftung.de/de/publika
tionen/publikation/did/sonderweg-foerderschulen-hoher-einsatz-
wenig-perspektiven. Weitere gute Ressourcen zur Kostenfrage:
http://bidok.uibk.ac.at/library/preuss_lausitz-weissbuch_oekono
mie.html und https://gib-hessen.de/fileadmin/user_upload/ueber_
uns/riedel-gutachten_kurzfassung.pdf.

27 Inklusive Bildung hört nicht mit der Schule auf – auch die Erwachse-
nenbildung muss in den Fokus genommen werden. Entsprechende
weitergehende Gedanken finden Sie in den Kapiteln «Faire Arbeit für
alle?», «Selbstbestimmt leben?» und «Kunstvoll repräsentiert?».

Faire Arbeit für alle?

1 Über diesen Zusammenhang habe ich einen ausführlich Gastbeitrag
für die ZEIT verfasst: www.zeit.de/arbeit/2022-02/menschen-
behinderung-werkstaetten-arbeitsbedingungen-fairtrade-standards.

2 Vgl. Sozialatlas der Heinrich Böll Stiftung 2022, S. 34.

3 Siehe https://jobinklusive.org/2020/09/14/wie-das-system-der-
behindertenwerkstaeten-inklusion-verhindert-und-niemand-etwas-
daran-aendert

4 Vgl. den Beitrag Behindertenwerkstätten: Skrupellose Ausbeutung? |
MrWissen2go EXKLUSIV auf YouTube: https://www.youtube.com/
watch?app=desktop&v=4RC_ACfNIrI.

5 Vgl. Sozialatlas der Heinrich Böll Stiftung 2022, S. 34.

6 Siehe etwa https://www.bagwfbm.de/page/entgelte_und_
einkommen.

7 Vgl. Sozialatlas der Heinrich Böll Stiftung 2022, S. 34.

8 Das Thema «Arbeit» wird in Artikel 27 thematisiert.

9 Siehe https://nitsa-ev.de/wp-content/uploads/2015/04/UN-
Empfehlungen_zur_BRK-Umsetzung_engl.pdf.

10 Siehe Kapitel «Schule all-inclusive?».

11 https://jobinklusive.org.

12 https://twitter.com/Johannissaft/status/1536295043274874880.

13 www.zeit.de/arbeit/2022-02/menschen-behinderung-werkstaetten-
arbeitsbedingungen-fairtrade-standards.

14 https://bisev-berlin.de.

15 https://www.bundesregierung.de/breg-de/aktuelles/demokratie-
braucht-inklusion-1506434.

16 https://www.sozialgesetzbuch-sgb.de/sgbix/219.html.

17 Siehe auch den MDR-Beitrag «Einen Job bekommen mit ‹Unterstütz-
ter Beschäftigung›», verfügbar in der ARD-Mediathek: https://www.
ardmediathek.de/video/selbstbestimmt/einen-job-bekommen-
mit-unterstuetzter-beschaeftigung/mdr-fernsehen/Y3JpZDovL21
kci5kZS9iZWlocmFnL2Ntcy9lNDE2Yzc3YS0zNDEzLTRlMzEtO
GM3NyooOWFjODc2Y2MxY2Y.

18 Meine Kolleg*innen von Jobinklusive haben über das System WfbM
eine sehr gute Faktenseite erstellt, die viele der folgenden Punkte
enthält: https://jobinklusive.org/2020/09/14/wie-das-system-der-
behindertenwerkstaetten-inklusion-verhindert-und-niemand-etwas-
daran-aendert.

19 Vgl. SGB 9 § 219: https://www.sozialgesetzbuch-sgb.de/sgbix/219.
html.

20 SGB 9 $ 160: https://www.gesetze-im-internet.de/sgb_9_2018/__
160.html.

Selbstbestimmt leben?

1 Siehe https://heimexperiment.de. Dort sind auch kurze Videos mit
Undercover-Aufnahmen verlinkt.

2 Eine gute Übersicht der erfolgten und geplanten Anpassungen des
Bundesteilhabegesetzes gibt es unter https://www.persoenliche-
assistenz-berlin.de/informationen-bundesteilhabegesetz.

3 Ich habe während des Experiments auch ein Tagebuch geführt. Siehe

https://heimexperiment.de/2016/10/31/das-heimexperiment-fuenf-tage-lebenslaenglich.

4 https://ableismus.de/toetet/de/gewaltfaelle.

5 https://ableismus.de/toetet/de/ableismus-und-gewalt.

6 https://www.assistenz.de/persoenliches-budget.

7 Siehe https://www.teilhabeberatung.de/artikel/was-sind-die-eutb-angebote-und-was-machen-sie.

8 Siehe https://www.teilhabeberatung.de/woerterbuch/selbst bestimmung.

9 Siehe http://www.netzwerk-artikel-3.de/index.php?view=article& id=93:international-schattenuebersetzung.

10 https://www.institut-fuer-menschenrechte.de/das-institut/ abteilungen/monitoring-stelle-un-behindertenrechtskonvention/ staatenberichtsverfahren.

11 Siehe Kapitel «Schule *all-inclusive*?», Kapitel «Faire Arbeit für alle?», Kapitel «Selbstbestimmt leben?».

12 https://www.tagesspiegel.de/themen/reportage/inklusionsvor reiterin-theresia-degener-im-portraet-was-degener-als-ohnarmerin-in-der-schule-erlebte/11064492-2.html.

13 https://deinstitutionalisationdotcom.files.wordpress.com/2018/04/ common-european-guidelines_german-version.pdf.

14 Vgl. etwa: Mansell, Jim; Knapp, Martin; Beadle-Brown, Julie; Beecham, Jeni (2007): Deinstitutionalisation and community living – outcomes and costs. Report of a European study. [Brussels]: EC (Volume 1 Executive Summary); Parker, Camilla; Bulic, Ines (2014): Realising the Right to Independent Living: Is the European Union Competent to Meet the Challenges? ENIL-ECCL Shadow report on the implementation of Article 19 of the UN Convention on the Rights of Persons with Disabilities in the European Union. Hg. v. ENIL-ECCL European Network on Independent Living / European Coalition for Community Living; Quinn, Gerard; Doyle, Suzanne (2012): Getting a Life. Living Independently and Being Included in the Community. A Legal Study to the Current Use and Future Potential of the EU Structural Funds to Contribute to the Achievement of Article 19 of the United Nations Convention on the Rights of Persons with Disabilities.Šiška, Jan; Beadle-Brown, Julie (2020): Transition from Institutional Care to Community-Based Services in 27 EU Member States: Final report. Research report for the European Expert Group on Transition from Institutional to Community-based Care.

15 Radtke, N., Sierck, U. (1982) Lieber lebendig als normal! In: Sierck, U., Wunder, M. (Hg.) (1982): Sie nennen es Fürsorge. Behinderte zwischen Vernichtung und Widerstand. Berlin: Verlagsgesellschaft Gesundheit, S. 149.

16 https://taz.de/25-Jahre-Bremer-Behindertenparlament/!5640257.

17 http://www.isl-ev.de.

18 https://www.zeitzeugen-projekt.de/images/PDF/Frehe_Inter view.pdf.

19 Gleiches gilt selbstverständlich für behinderte trans Personen und behinderte nichtbinäre Personen.

20 https://rosa-mag.de/was-bedeutet-tokenism.

21 https://www.sueddeutsche.de/bayern/bayern-bundestagswahl-menschen-behinderung-wahlrecht-1.5421620.

22 Das wollte ich zum Glück sowieso nie – siehe Raúl Krauthausen: Dachdecker wollt ich eh nicht werden, Hamburg 2014.

23 Für einen Überblick über die Methode siehe https://www.persoen liche-zukunftsplanung.eu/persoenliche-zukunftsplanung/was-ist-persoenliche-zukunftsplanung.html. Einen guten animierten Erklär-film gibt es auf YouTube: https://www.youtube.com/watch?v=23 jALmheIrY.

24 https://www.persoenliche-zukunftsplanung.eu.

25 Mehr Informationen unter: https://www.persoenliche-zukunfts planung.eu/materialien/methoden-ueberblick.html.

26 «I want my dream» von Stefan Doose. Bestellbar z.B. hier: http://www.agspak-buecher.de/Stefan-Doose-I-want-my-dream.

Behinderte Lust?

1 Auf meinem Blog habe ich versucht, einige dieser Missverständnisse ganz offen anzusprechen und aus meiner Perspektive zu beantworten: https://raul.de/leben-mit-behinderung/10-missverstandnisse-uber-sex-und-behinderung.

2 Nario-Redmond, Michelle: Cultural stereotypes of disabled and non-disabled men and women: Consensus for global category repre-sentations and diagnostic domains, British Journal of Social Psycholo-gy 49/3 (Sept. 2009), S. 471–488.

3 Asexualität ist eine sexuelle Orientierung und bezeichnet die voll-ständige oder zeitweise Abwesenheit oder bedingte Anwesenheit des Empfindens sexueller Anziehung. Asexualität bezeichnet ein Spek-

trum, das viele verschiedene Erfahrungen und Selbstbezeichnungen umfasst. Quelle: https://acearovolution.webnode.page/glossar/

4 https://www.spiegel.de/gesundheit/sex/sexualbegleitung-fuer-behinderte-umsetzung-von-grundrecht-oder-prostitution-a-1129 343.html.

5 Ebd.

6 https://www.fr.de/panorama/keine-prostitution-rezept-110645 22.html.

7 Hier etwa für das Demos Mag #1/2021, S. 9–13, wo ich einige der genannten Punkte auch schon angesprochen habe.

8 Siehe https://us8.campaign-archive.com/home/?u=ff13c51814295 0e1da3755149&id=d33d81a6a3.

9 Mehr über Patrizia Kubanek und ihre Arbeit unter http://www.lust vollbehindert.org.

10 https://www.arte.tv/de/videos/RC-021939/1-meter-20/.

11 https://www.dorisuhlich.at/de.

Kunstvoll repräsentiert?

1 Vgl. https://www.deutschlandfunkkultur.de/behinderung-literatur-romane-100.html.

2 Raúl Aguayo Krauthausen: «Zwischen ‹Superkrüppel› und ‹Sorgen-kind› – Stereotypisierende Darstellung von Behinderung in deutschen TV-Abendmagazinen», 2010.

3 Vgl. Ohrfandl, Maria: Die filmstilistische Darstellung von Klaras Gehbehinderung im Kinderfilm «Heidi», Medienimpulse 54, 3, 2016, abrufbar unter https://journals.univie.ac.at/index.php/mp/article/view/mi962/1126.

4 Ninia LaGrande hat einen lesenswerten Artikel über verschiedene Diversitäts-Tests zur Darstellung marginalisierter Gruppen geschrieben: https://leidmedien.de/aktuelles/bechdel-tyrion-diversity-film branche.

5 Vgl. https://disabilitythinking.com/disabilitythinking/2014/04/passing-tyrion-test.html..

6 https://variety.com/2020/film/reviews/37-seconds-review-12034 88025.

7 Vgl. www.zeit.de/kultur/film/2022-05/behinderung-inklusion-film-serie.

8 Vgl. Felix Klieser: *Fußnoten: Ein Hornist erobert die Welt*, Patmos Verlag 2014.

9 Mein komplettes Gespräch mit Felix Klieser ist unter https://kraut
   hausen.tv/sendung-29-mit-felix-klieser abrufbar.
10 Siehe etwa den Essay von Louisa Brand: https://www.zeit.de/cam
   pus/2021–12/barrierefreiheit-hochschulen-behinderte-studium.

Intersektional denken?

1 https://www.tagesspiegel.de/potsdam/landeshauptstadt/potsdam-
   nimmt-abschied-7970974.html.
2 Kimberlé Crenshaw, zitiert nach https://www.gwi-boell.de/de/
   intersektionalitaet.
3 https://www.gwi-boell.de/de/intersektionalitaet, Abschnitt «Von
   der Straßenkreuzung zu Ungleichsverhältnissen heute: Travelling
   Concepts»
4 https://www.alhassane-balde.com.
5 https://minzgespinst.net.
6 https://minzgespinst.net/entmenschlichend.
7 https://minzgespinst.net/krueppel.
8 https://minzgespinst.net/2021/05/24/geschlechterneutrale-
   sprache-autismus.
9 Siehe etwa https://comediva.com/peter-dinklage-is-the-sexiest-
   man-alive.
10 Siehe auch Kapitel «Selbstbestimmt leben?».

TEIL III

Die Faktoren echter Veränderung

1 www.ashoka.org.

Eine neue Kultur

1 Siehe https://plan.ca.
2 Siehe auch: https://www.theglobeandmail.com/canada/article-dis
   ability-advocate-al-etmanski-wants-canada-to-make-history-with-a.
3 Siehe https://www.bcdisability.com/post/al-etmanski, Übersetzung
   RK.
4 Al Etmanski: *The power of disability*, Berrett-Koehler Publishers 2022.
5 Siehe auch: https://aletmanski.com/the-power-of-disability.

6 Viele der folgenden Gedanken habe ich in anderer Form in einem ausführlichen Blogbeitrag formuliert: https://raul.de/allgemein/das-sind-die-tuecken-des-disability-pride-month.

7 Siehe beispielsweise den Eintrag «pride» im Merriam-Webster-Dictionary: https://www.merriam-webster.com/dictionary/pride.

8 https://www.duden.de/rechtschreibung/Stolz.

Nur die Begegnung bringt uns weiter

1 Dieser Punkt macht auch noch einmal eindrücklich deutlich, dass im Begegnungsraum «Schule» Lehrer*innen nicht einfach sagen können: «Wir wollen keine behinderten Kinder unterrichten», denn dazu fehlt ihnen das Mandat. Wenn ein*e Ingenieur*in bei BMW auf einmal keine Autos mehr bauen möchte, sondern Postkutschen, dann ist diese Person ihren Job schnell los. Das «Wir sind dafür nicht ausgebildet»-Argument wurde in diesem Kontext ausführlich im Kapitel «Schule *all-inclusive?*» besprochen.

2 Zur Konzeption von «*Belonging*» vgl. meinen Blogbeitrag: https://raul.de/allgemein/was-uns-alle-wirklich-weiterbringt.

3 Siehe https://www.destatis.de/DE/Presse/Pressemitteilungen/2020/06/PD20_230_227.html.

4 https://de.wikipedia.org/wiki/Zuschauereffekt.

Teilhabe und Teilgabe

1 https://www.institut-fuer-menschenrechte.de/fileadmin/Redaktion/PDF/DB_Menschenrechtsschutz/CRPD/CRPD_Konvention_und_Fakultativprotokoll.pdf.

2 Siehe auch: https://zeitgeist-der-inklusion.de/informationsmaterial/folge-8-raul-krauthausen-wenn-teilhabe-und-teilgabeteilsein-ergibt.

Nichts ohne uns!

1 Auf diese Idee des «*Nothing without us*» hat mich die US-amerikanische Behindertenrechtsaktivistin Susan Sygall gebracht.

2 Ogette, Tupoka: *exit RACISM*, Unrast Verlag 2018.